基金实战
投资指南

胡　瑞◎著

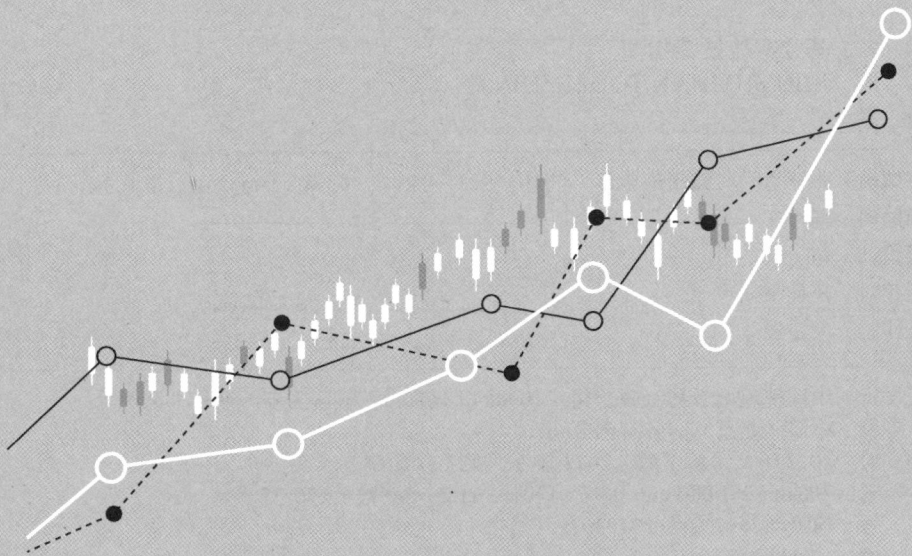

中国铁道出版社有限公司
CHINA RAILWAY PUBLISHING HOUSE CO., LTD.

图书在版编目（CIP）数据

基金实战投资指南 / 胡瑞著 . —北京：中国铁道出版社
有限公司 , 2022. 9
　ISBN 978-7-113-29103-7

　Ⅰ . ①基… 　Ⅱ . ①胡… 　Ⅲ . ①基金－投资－基本知识
Ⅳ . ① F830.59

中国版本图书馆 CIP 数据核字（2022）第 074054 号

书　　　名：**基金实战投资指南**
　　　　　　JIJIN SHIZHAN TOUZI ZHINAN
作　　　者：胡　瑞

责任编辑：张亚慧　　编辑部电话：（010）51873035　　邮箱：lampard@vip.163.com
编辑助理：张秀文
封面设计：宿　萌
责任校对：焦桂荣
责任印制：赵星辰

出版发行：中国铁道出版社有限公司（100054，北京市西城区右安门西街 8 号）
印　　刷：中煤（北京）印务有限公司
版　　次：2022 年 9 月第 1 版　2022 年 9 月第 1 次印刷
开　　本：700 mm×1 000 mm　1/16　印张：11.25　字数：176 千
书　　号：ISBN 978-7-113-29103-7
定　　价：69.00 元

前　言

我最开始接触金融投资并不是从基金开始的。那时候我刚刚大学毕业，就有了很强的理财投资意识。我知道光是靠努力工作，不去理财投资是远远不够的。所以，当我有了一些积蓄后，就开始思考要做点儿什么投资？

首先我想到的是投资股票，直到现在我还清楚地记得，当时是去线下营业厅开通的股票账户。之后，证券公司还给了我一份文件，让我去银行开通存管账户。来来回回，还挺麻烦的。现在开通股票账户已经很方便了，通过手机软件就可以完成。

有了股票账户后，我就开始进行股票的买卖操作。现在回过头来看，我入市的时间比较好，碰巧遇上了2014—2015年的大牛市。我也买过当时的热门股票中国南车。那时，中国南车和中国北车合并，这只股票当年曾经多次涨停。但是，我并没有拿住，赚了一点儿小钱，就在大涨之前卖掉了。

那时候的股市真的非常火爆，我的很多同事也都在炒股。我们经常围在一起讨论股票投资，一起分享自己看好的股票。那段时间我的生活状况基本是这样的：每天醒来第一件事，就是刷一下当天的重要财经新闻，然后再看看股票的涨跌情况。等股市开盘后，我的心思就完全在自己持有的股票的走势上，心情随着股票的价格而上下波动。收盘后，还会去看网上的各种分析文章，希望能够从中找到投资机会。

刚开始入市时行情不错，我买的股票基本上都是赚钱的。那时，我非常自信，觉得自己就是"股神"，但其实是因为牛市，大部分股票都在上涨。然而好景不长，到2015年6月下旬，股市开始一路下行，我买的股票也开始不断亏损，买什么都跌。还好我胆子比较小，在前期盈利亏光时，就全部止损出来了。

后来我开始反思，投资股票两年多的时间，自己花在股市中的时间非常多，甚至到了废寝忘食的程度。而这样大量的投入，自己还是没能赚到钱，投入和产出不成正比。与其这样，还不如把时间花在本职工作上去赚取更多的钱。更何况我还是在牛市的时候去入市投资的，如果不是入市的时机比较好，大概率会亏得更惨。从那以后，我又看了很多股票投资类的书籍，再加上自己的经历，我终于明白了"股票投资者七亏二平一赚"这句话。因此，我总结出一个观点：大部分人并不适合股票投资。

于是我开始寻找新的投资工具，这时才开始关注基金，开始学习与基金有关的知识，并且开启了基金定投计划。当我开始做基金定投，开始把投资的期限放长，开始长期投资。我发现自己的整个状态变了，不会像炒股票时那样，天天盯着大盘走势，每时每刻都去关注市场信息。我可以把更多的时间，花在学习、工作和提升自己上。

而最关键的是，我投资基金是赚到了钱的。特别是在2019—2020年这两年，随着市场行情好转，我投资的基金也都取得了非常不错的收益。在2021年2月前后，我止盈了大部分的基金投资（后面看是止盈在高点附近），然后在4月买了一套房子。如果不是基金投资，我不会这么快积攒下买房的钱。

从那之后，我又开始了新的基金投资计划。直到现在，也是一直在做基金投资。现在我已经没有再去投资股票了，因为我发现，基金是一个非常适合我们大多数普通人的投资工具。

我一直坚持在网上写文章，通过各大自媒体平台分享理财投资知识。在这个过程中，我发现很多朋友，并不能在基金投资上赚到钱。但其实基金整体的历史收益是非常不错的。中国基金业协会公布过一个统计数据，截至2017年底，公募偏股型基金的平均年化收益率为16.5%，债券型基金的平均年化收益率为7.2%。这说明基金本来的业绩表现是不错的，只要掌握正确的方法，就可以在基金投资中赚到钱。

我的基金投资经历告诉我，通过基金是可以赚到钱的，既然我可以，我相信大多数人也可以。所以，我就想把自己的这些经验分享出来，希望能够帮助更多的人在基金投资上少走弯路，这也是我写作这本书的出发点。

那么，我到底是如何通过投资基金赚钱的呢？其实主要是因为我有一套自己的投资原则，它们分别是：价值投资、逆向投资、资产配置、长期投资。

1. 价值投资

价值投资的鼻祖是格雷厄姆，巴菲特是他最著名的学生。他们的投资思路就是去寻找那些企业的价格低于企业的真实价值的公司进行投资。

运用到基金投资上来，我们要选择处于"低估区域"的基金进行投资。在本书后面的内容中会详细介绍，怎样判断基金是否处于低估区域。我们买得价格越低，后面才能赚得越多。

2. 逆向投资

投资市场是有周期的，在某些阶段会非常火爆。然后很多人都去跟风投资，从而推高资产价格，这是我们逐步离开市场的时候。相反，当大家都亏钱，市场一片哀号时，大家都不再相信投资时，就是很好的投资机会。

比如，在2018年时，很多人都亏钱了，那时我定投的基金也是浮亏的。但是大家可以去看我那时的网络文章，都是鼓励大家坚持定投。当时，我也不知道什么时候市场会好转。但是我知道，大家都亏钱的时候，就是我们投资的好时机，这就是逆向投资的思维。

3. 资产配置

我不仅有投资股票基金，还有配置债券基金和货币基金。同时，我还做好家庭的其他理财安排，比如给自己和家人购买足够的保险。这些其实就是在做资产配置。

同样类型的投资中，我还会进一步地做资产配置。比如股票基金，我有买指数型的，也有买主动管理型的，有配置A股市场的，也有配置港股等其他市场的。债券基金，我也有做配置，比如我会买纯债基金，也会配置二级债基或者可转债基金。

通过做好资产配置，可降低投资的风险，把握更多的投资机会。资产配置是投资成功的关键。

4. 长期投资

投资是需要时间的。我曾经多次在网络文章中给大家分享过，投资股票基金，至少要做好投资三年的准备，投资债券基金，至少要做好投资一年以上的准备。

虽然有可能会中途止盈，但是那是在达到自己的投资目标后的主动选择。而在投资之前，一定要有长期投资的心理准备。

投资不能有一夜暴富的心理。我们做投资的出发点，一定是站在要长期赚钱的角度。只有坚持长期投资，才会敢于去做逆势投资，敢于去做价值投资。如果只是看短期"赚大钱"，肯定是买热门行业，追涨杀跌。这样做基金投资，从长期来看是很难赚取收益的。

通过四大投资原则，再加上一定的基金选择和买卖操作技巧，帮助我在基金投资上赚取了不错的收益。这些内容将在本书中展开详细的讲解。

本书共十个章节。第一至第四章介绍了投资前的准备、基金有关的基础知识、特殊的基金、基金的主要投资对象等内容。

第五至第十章介绍了基金投资的实战内容。包括债券基金投资实战、股票基金投资实战、指数基金投资实战、主动管理型基金投资实战、基金的组合投资实战和基金的买卖操作技巧。这部分是本书的重点内容，希望能够帮助大家解决基金实战不赚钱的问题，给大家提供一套切实可行的基金实战投资方法。

本书是我自己多年基金投资经验的总结。这里没有靠着基金一夜暴富的秘密，有的只是适合大多数普通投资者的基金实战投资策略。帮助大家在控制风险的前提下，实现长期稳健的盈利，另外，任何投资都有风险，请在投资中牢记这一点。

作　者

2022年5月

| 目 录 |

第一章

投资前的准备

一、为什么我们要做投资

当你打开本书，相信你是带着学习基金实战投资知识的目的来读本书。在此之前，我们要对基金和投资的基础知识有所了解，正所谓"万丈高楼平地起"。不了解基础知识，一开始就进入实战，是做不好基金投资的。因此，要先来了解一下，到底什么是投资？

说到投资，很多人会把它和理财联系在一起，叫作投资理财或者理财投资。但是很多人不清楚，其实理财和投资是两个完全不同的概念。在介绍为什么要做投资之前，首先给大家介绍一下理财和投资的区别。

理财是指合理地安排我们的财务资源，去达成自己想要的目标。这些目标非常广泛，可以是记账储蓄、买房买车，也可以是储备教育金和养老金，还可以是做投资。

而投资则是追求财富的增值。放弃现在资金的购买力，买入资产期待未来能够产生更大的购买力。所以，投资是想要赚钱，而理财是管钱。理财的范围大于投资，投资是理财的一部分。

弄清楚了理财和投资的区别后，我们再来说说为什么要做投资？我在做一件事情之前，有一个习惯，就是先想清楚自己为什么会去做这件事。做这件事有什么作用？可以给我带来什么好处？先想清楚了这些，再去行动，会更加有动力，目标也更加清晰。

所以，在开始投资之前，大家都应该先思考一下：自己为什么要做投资？当然这个问题没有统一的答案，每个人都有自己的想法。先给大家分享一下我为什么要做投资，主要有两个原因：跑赢通货膨胀率，不要让我的财富贬值；打造被动收入，追求财务自由。

通货膨胀，简单来说就是货币的供应量超过经济的增长量，导致物价上涨，钱不值钱的情况。假设，一个国家新生产了价值1万元的商品，但是这个国家却发行了1.1万元的钞票。那么，这时1万元的商品也会跟着涨价，也就不是1万元，而是变成1.1万元了，而我们原来手里的钱，也就跟着贬值了。

知道了这个概念后，就可以查询有关数据，计算我国的通货膨胀率。可以用货币的供应量的增长率减去当年GDP的增长率，所得到的就是通货膨胀率，见下表。

年　　份	M₂增长率（%）	GDP增长率（%）	真实通胀率（%）
2019	8.88	6.11	2.77
2018	6.99	6.75	0.24
2017	8.11	6.95	1.16
2016	11.33	6.85	4.48
2015	13.34	7.04	4.30
2014	11.01	7.42	3.59
2013	13.59	7.77	5.82
2012	14.39	7.86	6.53
2011	17.32	9.55	7.77
2010	18.95	10.64	8.31
2009	28.42	9.40	19.02
平均通胀率（%）			5.82

M_2是央行每年发行的钞票数，M_2的增长率越大，说明央行发行的钞票也就越多。而GDP也就是代表我们创造的价值。GDP的增长率越高，说明我们新创造的价值和财富也就越多。那么用多印发的货币量的增长率，减去新创造的财富的增长率，这多出来的部分，就是通货膨胀率。

通过数据计算，从2009年到2019年，我国的通货膨胀率平均约为5.82%。也就是说，这11年中，我们的钱每年以约5.82%的速度在贬值。5.82%是什么概念呢？也就是我们把钱放在那里不去动它，那么大约11年后，价值就只剩一半了（当然5.82%只是过去的历史数据，仅供大家参考，因为历史并不代表未来）。

想要让我们的财富保值，就需要做好投资。要让我们的投资收益率跑赢通货膨胀率，这样我们的财富才能实现保值和增值。对于怎样实现5.82%以上的投资收益率？大家不要着急，这也是本书主要探讨的内容。

我做投资的另一个原因，是希望通过投资打造被动收入，实现财务自由。所谓财务自由，就是我们的被动收入大于我们的各项开支。而投资可以帮助我们打造被动收入。对于大多数人来说，通过投资来打造被动收入是最适合的方式。除去投资，靠着知识产权收入、创业也可以打造被动收入。但是这些方式并不适合大多数人。

想要通过投资来赚钱，却不是那么容易的事情。很多朋友在投资上不但没有赚到钱，反而还亏了不少。这也是我写作这本书的原因之一，我希望通过分享自己的投资实战经验，帮助大家在基金投资的道路上少走弯路。至于，我们要怎样做投资，后面我会给大家详细分享具体内容。

二、做了多年投资，为什么你还赚不到钱

我有一个亲戚，在2015年下半年，上证指数跌到3 000多点，他觉得跌得差不多了，可以入市投资。于是他拿了几万元，入市抄底。到2020年股市上涨，上证指数又回到了3 000多点，我问他股票赚到钱了吗？他说：现在还亏着一半呢。

为什么会出现这样的情况呢？可能有的人会说，他入市时机没有选择好，或者经验不够。但是有很多炒股几十年的老股民，依然没有赚到钱，而且还浪费了自己大量的时间。

中学时，我有一位邻居就是这样，据说曾经炒股赚了很多钱，然后从我们住的那个地方搬了出去，买了大房子。当时我家租住的是一个城中村，住的时候已经非常破旧。后来这位邻居又搬了回来，听其他邻居说，因为炒股失败，他把大房子卖了，然后不得不搬回来住。

在我看来，他们之所以投资不赚钱，是因为他们的出发点不对，一开始做投资就想着赚大钱。正是有这样的想法，才会去选择股票这样的高风险投资工具。因为股票是一种有着剧烈波动的投资工具，它并不适合投资新手和大多数普通人。但是，有很多人一想到投资，就想着赚大钱，一夜暴富。于是他们不仅会去选择股票，甚至想着去炒期货、外汇这些更高风险的投资标的。

过去的这些年，我一直做投资者教育，经常有同学觉得我在刚开始给他们讲一些理财观念太慢了，他们想要学习的是实战技巧，然后通过实战技巧，就可以马上去投资赚钱，他们觉得只要能学好技巧即可。但是他们不知道，如果只是学习实战技巧，没有理论和基础知识做支撑，也只是空中楼阁。

比如，我在《24天理精品课：决定你一生的财富》这本书中，最开始介绍了记账储蓄和整个家庭的资产配置，以及常见的理财工具等基础知识。其实这就是在给大家打"地基"，因为只有把房子的地基给夯实了，我们再来用各种工具做实操，才能够真正掌握这些知识，最后才能赚到钱。

不仅是在学习理财上适用这个道理，在投资上同样适用。为什么很多人做投资不赚钱，反而会亏钱呢？其实也是因为没有打好"地基"。

还是拿我那位亲戚来说，其实我已经多次给他推荐，建议他先试试基金这个投资工具。但是到目前为止，他还是要去炒股，当然我不是说不能去投资股票，而是不应该一开始就投资股票。因为从投资风险的角度来说，股票投资的风险要远比基金大。而我们刚接触投资，应该从低风险的投资工具开始。

基金就是一个投资范围非常广泛的工具。风险由低到高，有货币基金、债券基金、混合基金和股票基金。可以先把基金投资做好，然后有多余的资金和时间，再去研究股票投资。

如果用建房子来做比喻，那么理财投资的基础知识可以看作是地基，货币基金和债券基金可以看作第一层，混合基金和股票基金可以看作第二层，股票投资可以看作第三层，其他更高风险的投资可以看作第四层。很多人做投资赚不到钱，就是因为没有建好地基、第一层和第二层，然后就直接修了第三层。

如果想要通过投资赚钱，就要放下赚快钱的想法。从基础开始，先把地基打好，再一步步地把"房子"建高，这样才能实现财富的稳健增长。在后面的内容中，我也会逐步给大家分享，怎样用好基金这个工具来做好投资，实现财富的稳健增长。

三、理清自己的资产，看看有多少钱可以拿来投资

投资需要本金，就像炒菜一样，如果原材料都没有，那是不可能做出好吃的菜的，毕竟巧妇难为无米之炊。所以，如果你连本金都没有，那么还需要先做好财富积累。

关于财富的积累，我在《24天理财精品课：决定你一生的财富》这本书中，专门用一个章节的内容介绍这个话题。而且我做投资的时间越久，就越发觉本金的重要性。投资赚钱需要三个条件：第一是本金，第二是收益率，第三是时间。做基金投资，本金越多越好。

现在默认大家都是做好本金积累的。这时，我们需要做的就是梳理清楚自己的资产负债情况。我们要知道自己到底有多少钱？有多少钱可以拿来做投资？大家可以借助下表详细地梳理自己的资产负债情况。

家庭资产负债状况			
资产项目		金额（元）	备 注
生产资产	现金和活期		
	定期性存款		
	股 票		
	债 券		
	基 金		
	保险现金价值		
	实物性黄金		
	实业投资		
	房 产		
	生产用车		
	私人供款		
自用资产	房 产 1		
	房 产 2		
	汽 车		
	其 他		
资产合计			
负债项目		金额（元）	备 注
消费负债	信用卡透支		
	消费贷款		
	汽车贷款		
投资负债	房产贷款		
	生产用车贷款		
其他负债	私人贷款		
负债合计			
家族净资产			

首先要梳理的是自己的资产情况，而资产又可以细分为生息资产和自用资产。比如现金和活期、定期性存款、股票、债券、基金、保险现金价值、实物性

黄金、实业投资、房产（除去自住的）、生产用车、私人借款。这些资产都是生息资产。

再如自己住的房子，自己用的汽车，都属于自用资产。这些资产不产生收益，所以我把它们划入自用资产中。把生息资产和自用资产汇总，得到的就是我们的总资产。

然后再来梳理自己的负债情况。负债也可以进一步细分，分为消费负债、投资负债和其他负债。比如信用卡透支、消费贷款、汽车贷款等都属于消费负债。而房产贷款、生产用车贷款属于投资负债。我们找其他人借的外债，属于其他负债。最后把所有的负债汇总，得到的就是我们的总负债。

梳理清楚了自己的资产负债情况，用我们的总资产减去总负债，我们就知道自己到底有多少净资产了。

资产负债表梳理好之后，我们知道自己有多少可投资的资金。除了固定资产投资之外的资金，都可以用来灵活使用。需要注意的是，我们手头可以动用的资金并不是都可以拿来做投资的（或者说随意拿来做投资的）。曾经遇到一些朋友，把短期要用的资金，拿去投资股票基金，到了要用钱时，不得不亏着钱把基金卖出，造成实际亏损。

所以，在开始投资基金之前，还需要把可投资资金进行分类。哪些资金是随时都要动用的资金？哪些资金是过一段时间要用到的？哪些资金是长期不用的。那么具体该怎样划分呢？我建议把资金按使用时间的长短分为以下三类：

第一类是1年内要用到的资金。这些资金可能是要应对我们日常生活开支的、还信用卡欠款、房贷车贷的。那么，这些资金就不适合拿来做长期投资。但是也是可以投资的，如放在货币基金中，流动性很好，随时都可以取出来，而且还有比银行活期更高的收益。

第二类是1~3年要用到的资金。这些资金可能是未来一段时间内，要归还欠款或者是应对某项大额开支。如果这些资金也放在货币基金这类活期管理工具中，收益会比较低。而如果拿去投资股票市场，又可能到需要用钱时，还在市场低位，我们的投资还是亏的。那么，这类资金比较适合的就是投资债券基金。这类基金波动较小，收益比货币基金高，如纯债基金、二级债基。怎样选择和投资这类基金，本书后面的内容将会进行详细介绍。

第三类是3年以上不用的资金。这些资金可能是我们给自己准备的养老金，也可能是给孩子准备的教育金，抑或是没有固定用途，就想要追求较高收益的资金。这部分资金就可以拿来投资于股票市场。因为股票市场有比较大的波动，国内股市，一般是7年左右一个大周期，3年左右一个小周期。所以，只有3年以上不用的资金，才建议大家投资于股票市场。当然，并不是建议大家自己去炒股，还是用基金这个工具间接地去投资股票市场。同样，对于怎么选择和投资股票基金，后面的内容将会进行详细介绍。

做好了可投资资金的分类，就可以很清晰地去做投资了。千万不要把资金混在一起，短期资金投资长期项目，长期资金投资短期项目。我们要根据资金的使用时间来选择适合的投资标的。在开始投资基金之前，先按照以上内容，做好资金的梳理和划分。

四、基金投资的风险，你能够接受吗

投资有风险，即便是把钱存在银行，银行也有倒闭的风险。虽然银行有存款保险制度，但是超过50万元的资金是不受保障的。同样，买银行理财产品也是有风险的，《关于规范金融机构资产管理业务的指导意见》出台之后，明确说明银行理财是不保本的。所以，大家要改变"保本思维"，正确地认识到投资都是有风险的。当然风险并不可怕，只要我们多学习知识，学会识别风险，是可以用一定的方法来降低风险的。

那么，投资基金有什么风险呢？可能大家首先想到的就是基金公司会倒闭。先给大家吃个定心丸，这是不可能发生的。退一万步来讲，即便是基金公司倒闭了，我们的钱也是安全的。因为公募基金的资金都是由银行托管的。

更何况公募基金公司不可能倒闭。为什么呢（这里所说的是公募基金，私募基金监管不如公募基金严格，是有倒闭的风险的）？首先，基金公司的设立需要有牌照，不是你想开一家基金公司就能开。而公募基金的牌照很有价值，即便是基金公司运营不下去了，也会有其他的资本来接盘。因为有很多的机构，都还在排队等着拿公募基金的牌照。

其次，公募基金公司的成立、运营都有严格的监管。比如按照监管要求，成立公募基金注册资金不少于1亿元，且必须是实缴。并且对于基金公司的股东，管理人员都有对应的要求。不满足要求，是不允许开立基金公司的。所以，基金公司倒闭的风险，我们是不用担心的。

既然不用担心基金公司倒闭的风险，那有没有可能基金公司挪用我们基金中的资金呢？这也是不可能的，因为基金的资金是由银行托管的，也就是我们投资基金的钱，并不是直接给到基金公司，而是托管在银行，基金公司可以在托管的账户中进行各种投资操作，但是却不能把钱转出来。所以，我们也不用担心资金被挪用的风险。

公募基金的产品设计非常完善和成熟，但是即便是再完善，还是有一些不可控的风险，比如基金经理的道德风险。到现在还偶尔有报道基金经理的"老鼠仓"新闻，也就是基金经理运用基金中的资金，为自己或者家人、朋友牟利。

基金经理的"老鼠仓"只是少部分基金经理的个人行为，大部分的基金经理不会出现这样的道德风险。而且有的基金，比如指数基金，基金经理买入的标的，都是跟着指数走，我们也就不用担心指数基金的"老鼠仓"问题。

投资基金，最大的风险还是来自投资标的的下跌。比如买的股票，股票价格跌了，基金的净值也会跟着下跌。买的债券，债券价格跌了，或者出现了违约，基金同样也会亏钱。

那么，各种类型的基金最多可能会出现多少亏损呢？下面先来看看债券基金，根据查询到的数据，曾经有债券基金，一天的时间基金的净值下跌了23%左右（这只基金是华商回报1号混合，代码是002596，在2020年4月9日，基金净值下跌了23.97%，见下表）。之所以会出现这么大幅度的亏损，是因为基金重仓的债券踩了"雷"。

2020-04-13	0.6798	0.6798	−0.01%	开放申购	开放赎回
2020-04-10	0.6799	0.6799	0.06%	开放申购	开放赎回
2010-04-09	0.6795	0.6795	−23.97%	开放申购	开放赎回
2010-04-08	0.8937	0.8937	0.02%	开放申购	开放赎回
2010-04-07	0.8935	0.8935	0.11%	开放申购	开放赎回
2010-04-03	0.8925	0.8925	0.01%	开放申购	开放赎回

我们再来看看股票基金。目前有的股票指数，比如创业板指数、科创板指数，都是20%的涨跌幅度。也就是说，在极端的情况下，股票基金一天的跌幅可能有20%，甚至从涨停到跌停还可能是40%。不仅如此，真的遇到股市行情不好的时候，往往会是几天、十多天，几个月甚至更长时间的连续下跌。在这种情况下，股票指数基金可能有70%左右的跌幅（2007年A股上证指数最高有6 124点，然后一直跌到2008年的1 664点，下跌幅度大约有73%）。而且这还是大盘股票指数的表现，有的行业股票指数基金可能跌幅会更大。

刚刚给大家分享的都是短期（一年以内）下跌的情况。另外再给大家介绍一只基金：华宝油气，代码162411，这只基金从2014年1.887的净值，到2020年11月2日，净值跌到了0.215。也就是6年的时间，下跌了约88.6%。

另外，还有分级B基金，因为带有杠杆，短期跌几十个点也都是很正常的情况，不过现在分级基金都转型或者清盘了，我们不用去考虑这类基金。

以上是我整理出来的基金最大的亏损情况。虽然并不全面，有可能其他基金的亏损幅度还要更大。但是我觉得用这些数据来说明基金投资风险已经足够了。投资基金遇到最极端的情况，长期可能会亏损88%的本金，这是6年的时间。当然短一点儿，也有一年亏73%左右的。

大家也不要被这些数据给吓住了，觉得基金投资会亏钱，其实我列出来的这些都是非常极端的情况。投资基金只要掌握一定的方法，是可以避免这些风险，降低投资亏损的可能性的。后面将会介绍，怎样挑选好的基金，如何做基金配置来降低这些风险。需要注意的是，风险不能消除，只能尽量避免和降低。不可能做到零风险，任何投资都是有风险的。

五、做基金投资，应该把目标收益率定在多少

前面给大家分享了投资基金的风险，下面我们来介绍投资基金的收益。

基金是一种间接的投资工具。我们投资基金的钱，是委托基金经理帮我们去做投资。而基金的投资对象主要有四大类，分别是股票、债券、房地产和大宗商品。那么我们就来看看，这些投资对象（标的）的平均收益率分别是多少？

用沪深300指数代表股票。2004年12月31日开始编制，开始时，基点是1 000点，截至2021年12月31日，刚好17年的时间，指数点位上涨到4 940点。用公式计算：$1\,000\times(1+x)^{17}=4\,940$，得出年复合收益率约为9.85%。如果再加上1~2个点的股息收益，得出收益率在11%~12%。

再看中证全债指数，2002年12月31日开始编制，基点是100点，截至2021年12月31日，有19年的时间，点数是217点。用公式计算：$100\times(1+x)^{19}=217$，得出年复合收益率约为4.18%。

房地产价格，在房天下房产网上有个百城房价均价走势图，2010年时是9 042元，截至2020年刚好10年的时间，房价均价为15 280元。用公式计算：$9\,042\times(1+x)^{10}=15\,280$，得出年复合收益率约为5.38%。

最后用黄金作为大宗商品的代表，下图所示为黄金期货价格的走势。2010年时是1 118.30美元/盎司，截至2020年也是刚好10年的时间，价格为1 817.30美元/盎司。用复利公式计算：$1\,118.30\times(1+x)^{10}=1\,817.30$，得出年复合收益率约为4.98%。

也就是说，如果看平均数，我们长期投资国内的股市有11%~12%的收益，投资债券约有4.18%的收益，投资房地产约有5.38%的收益，投资大宗商品约有4.98%的收益。

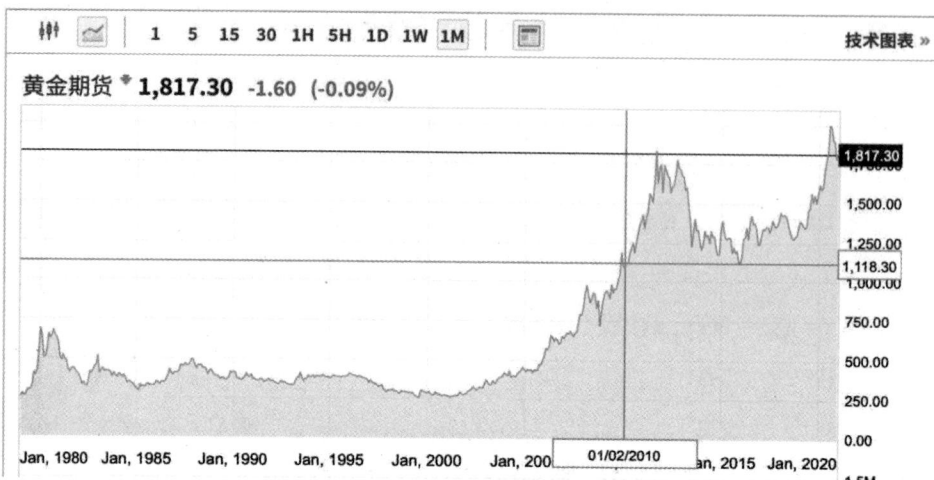

看到这里，可能有的人会觉得这个收益好低啊，而且怎么能看平均呢？你看看茅台股价涨了多少倍，北京、上海的房价涨了多少等。确实有一些个例，过去这些年涨得很不错。比如茅台股票，你能够从几千只股票中选出它吗？而且就算买对了茅台股票，你能够拿到最后吗？投资北京、上海的房子，你需要有足够的本金才能"上车"。所以，还是要看大多数，用平均数更适合一些。

另外，确实有一些投资人，他们通过投资股票或者其他的投资工具，实现了非常不错的收益。比如巴菲特，他的长期平均年化收益率在20%左右。再看看我们国内的基金经理，就拿朱少醒来说，截至2020年，他管理的富国天惠成长混合有15年的时间，实现了1 930.28%的收益率（见下图）。算下来年复合收益率约为21.8%，这已经是非常不错的收益率了。

也就是说，我们投资股票市场，长期来看能够取得20%左右的收益率，已经非常厉害了，可以称得上是"投资大师"了。前面也讲过四大类投资标的，股票是平均收益率最高的。而其他的投资工具，收益率应该达不到这么高。

以上是"投资大师"的收益，而对于大部分普通人来说，掌握一定的方法，通过投资股票基金实现长期10%~15%的平均年化收益，就已经非常不错了。不过，我们不可能把所有的资金都拿来投资到股票市场，我们还要配置债券、房地产或者大宗商品等其他工具。但是这些工具的长期收益率不到10%。所以，对于大部分家庭来说，所有的可投资资产，能够实现10%的平均年化收益率，就已经非常不错了。

就现在的情况来说，大部分家庭所有资产的年复合收益率，应该在5%左右。这是考虑到大家都已经买房，然后再买一些银行理财产品的情况下。另外，还有一些朋友，盲目地去做高风险投资，或者掉入一些金融陷阱中，可能投资收益率还是负的。

需要特别说明一下，可能有的朋友会觉得自己的某一次投资，收益率远不止10%。我自己也有很多这样的投资，曾经买过多只股票基金，几个月的时间就有20%以上的收益。我曾经还持有一只股票，一年的时间，股价就翻了近一倍。单看这些收益率是很高，但是它们都是局部收益，这里说的10%的收益率，是指我们所有可投资资金的总体收益，而不是局部收益。

最后，大家也不要小看这10%的收益率。如果我们能够实现每年10%的收益率，要远比那些一年赚50%，第二年亏30%的收益率高得多。大家可以看一下这个例子：假设A投资者：第一年收益70%，第二年亏40%，第三年收益50%，第四年亏20%。假设B投资者：第一年收益10%，第二年收益10%，第三年收益10%，第四年收益10%。我们来计算一下这两位投资者的总收益率。

A的收益：$(1+70\%) \times (1-40\%) \times (1+50\%) \times (1-20\%) = 1.2\,240$

B的收益：$(1+10\%) \times (1+10\%) \times (1+10\%) \times (1+10\%) = 1.4\,641$

至此，相信大家应该知道10%的平均年化收益率已经非常不错了。那么，如何才能做到10%甚至更高的年化收益率呢？这也是本书主要讨论的话题。需要特别注意的是，大家不要一开始就想要赚多少钱，而是要步步为营，先解决基金投资亏损的问题。首先要能赚到钱，然后再考虑怎样提高收益的问题。一开始就想赚钱，往往到最后反而赚不到钱。一开始想不亏钱，到最后才可能赚到钱。

第二章

基金有关的基础知识

一、常见的投资工具

在做投资时，有很多工具可以选择。比如常见的银行存款、银行理财、保险、基金、股票、房地产。还有一些不常见的，比如私募、信托、外汇、期货等。这么多的投资工具，我们应该怎样选择呢？这些工具都有哪些特性？下面将介绍常见投资工具的特性和选择策略。

1. 银行存款

银行存款几乎是每个人都会用到的投资工具。比如公司发的工资会直接打到我们的银行卡，自动存在活期存款中。虽然活期存款的利息基本上可以忽略不计，但也总是会有点儿收益的。还有定期银行存款，现在一些地方银行给到的定期存款利息其实并不低。风险很低的银行存款，也是一个不错的选择。不过银行存款利息的高低，也在不断地变化，随时有可能会降低。我们还是要根据整个市场的情况来做出合适的选择。

2. 银行理财

银行理财产品的风险要比存款高，《关于规范金融机构资产管理业务的指导意见》中明确规定：银行理财产品是不保本的。现在多家银行还成立了新的理财子公司，专门做银行理财这部分业务。未来银行理财产品会越来越丰富和透明。银行理财产品都是不保本的，收益率一般在4%~5%。虽然不是特别高，但是期限比较灵活，投的标的大部分也都是债券，整体风险还是比较低的，比较适合保守型的投资者。

3. 保险理财

保险的主要功能是保障，常见的重疾险、医疗险、意外险、定期寿险等都是保障型保险。而除去这些保障型保险，保险公司也推出理财型保险，比如分红保险。过去这些年，每年年末时，保险公司都会推出一款理财型保险。这种保险保障不多，主要功能就是投资。收益率一般不到4%，期限比较长，通常要8~13年回本。如果保障型产品都没有配置的朋友，建议就不要考虑这类产品了。这种产品适合家庭资产比较富余，或者看重财富保值和传承的朋友。

4. 公募基金

基金是一种标准的投资工具，也就是我们把钱委托给基金公司和基金经理，让他们帮我们赚钱的投资工具。公募基金的监管非常严格，从基金的成立到基金销售，甚至最后的清盘，每一个环节都有严格的监管。并且我们投资基金的钱还是托管在银行的，所以，基金这个工具本身的安全性很高。同时基金的投资范围还非常广泛，有投资股票的股票基金，有投资债券的债券基金，等等。用好基金这个工具，可以实现各种投资目标。关键是基金投资门槛还低，操作非常方便。在我看来，基金是一个适合大多数人的投资工具。

5. 股票

股票是一种高风险、高收益的投资工具。目前A股市场，一天就可以涨10%，当然也可能亏10%。由于这样剧烈的波动，很多自己去投资股票的人都是亏钱的。在股市上流传这样一句话：七亏二平一赚。也就是说，只有10%的人能够长期在股市中赚钱。而且投资股票还需要大量的时间和精力，需要大量的时间盯盘。因此，普通投资者，不太建议直接去投资股票。股票投资比较适合有一定专业知识、愿意学习、有时间、能够承担较高风险的朋友。

6. 房地产

在过去的这十几年，最赚钱的投资是什么？如果让大家投票，相信得票最多的一定是房子。的确，过去这些年买房的人都是赚钱的。房子是抵御通货膨胀非常好的工具，但是现在房子的价格已经很高了，通常首付都是几十万上百万元，还需要每个月几千上万元的按揭，一般家庭根本承受不了。并且房子的流动性不够好，现在很多地区的二手房挂牌数已经创出新高。未来房价走势到底会怎样，充满不确定性。所以，现在这个阶段还是观望比较好。

综上所述，大家应该会发现：每一个投资工具，都有其特性和适合的人群。在做投资时，需要结合自己的目标和需求去挑选适合自己的投资工具。

二、这么多投资工具，为什么选择基金

前面介绍了常见的投资工具，在介绍公募基金时，我就说明了自己的观点，我觉得基金是适合大多数人的投资工具。那么，我是怎样得出这个结论的呢？

首先是银行理财。银行理财也就是银行等金融机构发行的资管产品。通常来说，主要投资于债券类的资产。这类产品的收益率不高，风险也比较低。但是银行理财产品门槛比较高，通常是5万元起投（即便是现在一些产品降低了起投门槛，但也要1万元起投）。而基金，比如投资债券的基金，有的可以做到1元起投。并且目前银行理财产品还没有基金透明，我们去看银行理财产品介绍时，只有具体投向的介绍，但是基金会把持仓定期公开出来。

其次是保险（理财类保险）。保险的主要功能其实是保障，也就是帮助我们管理家庭和个人风险。现在市面上也有一些分红保险，但如果用复利计算公式，去计算它们的收益率就会发现，从长期来看，真实收益率普遍不到4%。而且这还是投资多年后才有的收益率，短期收益率还没有这么高，这样看还不如买银行理财产品。如果再考虑通货膨胀，配置这类保险，未来还不一定能跑赢通货膨胀。所以，这类产品并不适合大多数人配置。

股票是一种高收益的投资工具。在市场行情好的时候，我们会看到不少股票都可以取得翻倍的收益。但是股市表现不好的时候，很多股票也可能会亏掉大半。长期来看，股票是个不错的投资工具，但是对于投资者的要求很高。需要花大量的时间去做各种研究和分析。但是，即便是我们花费了大量的时间和精力，最后还不一定有好的结果。长期来看，投资股票是七亏二平一赚。大部分人自己去投资股票都是亏钱的。所以，股票这个工具，其实也不是很适合大多数人去投资。

黄金是一种非常不错的避险工具，特别是市场不确定的时候。未来出现"黑天鹅"时，黄金的表现就会很好。但是黄金本身是不产生价值的，也就是它自己不会产生小的黄金出来。不像投资股票,股票会有分红的收益,投资房地产可以有租金的收益。但是黄金没有,黄金只能赚取价格差。所以,黄金可作为部分时间的配置工具,但是长期投资黄金波动会比较大。

除此之外,还有一些更高风险的,比如期货、期权、外汇等。这些投资工具都是带有杠杆的,并且对于投资者要求更高,很多人炒股票都是亏钱的,那就更不要提这些更高风险的投资工具了,这些工具也都不适合普通大众去投资。

分析了常见的这些投资工具,我们再来看看基金都有哪些优势,为什么说基金是真正适合大多数人的投资工具。

1. 安全

首先,基金(这里所说的都是公募基金)投资是安全的。为什么说基金是安全的投资工具呢?因为一只基金从成立开始,就一直接受政策监管。我们投资的基金,是由基金公司发行的。而基金公司想要发行基金,是需要接受监管的。不仅仅基金公司发行基金产品会被监管和备案。基金公司成立,也有非常严格的要求。比如根据监管要求,基金公司的注册资金不少于1亿元,且必须是实缴。成立基金公司的主要股东是机构或者法人的,净资产不少于2亿元,如果是个人的,也要求金融资产不低于3 000万元,并且要求在境内外资产管理行业从业10年以上。不仅如此,对于基金公司的从业者和管理者,也都有严格的要求。由此可见,政府对于基金这个投资工具的监管是非常到位的。

不仅政策对于基金公司监管严格,另外监管还要求,投资者买入基金的钱,要在专门的账户托管起来,托管机构通常是银行。银行会监控基金公司的投资,保证我们的资金安全。因此,就算基金公司倒闭了,只要我们的钱没有在市场上赔掉,就一直是在银行存放着的,最终我们都能够拿回来。

经常有人问,基金安全吗?作为一个标准的投资工具,基金从组织架构和监管严苛的角度来说,都是非常安全的。那为什么有的朋友买基金还是会亏钱呢?买基金亏钱,亏在基金投资标的价格的下跌上。因为基金投资对象(标的)价格下跌了,所以,导致账面出现亏损,而不是说基金这个产品本身让我们亏损了。

2. 门槛低,操作方便

基金的第二大优势是它的起投门槛低,操作方便。我们先看看基金投资门槛：银行理财最低要1万元，买房子至少要几十万元的首付，信托和私募基金要100万元起投。但是公募基金只需1元就可以起投，只要我们有闲钱，都可以投资基金。现在大家常用的"宝宝类"产品（如余额宝、零钱通）其实都是基金，它是基金中风险最低、灵活性最高的货币基金。

现在基金的买卖操作也非常方便，在各家银行的手机端软件上可以买卖基金，证券公司客户端软件上可以买卖基金，我们平时使用的微信和支付宝上也可以买卖基金。现在大家做基金投资，只需下载一个投资软件，就可以轻松搞定。而且我们做基金投资，也不需要花时间盯盘。所以，基金投资也是更加适合普通上班族的。

3. 投资范围广泛

基金的第三个优势是投资范围广泛。前面介绍的各种理财工具，基本上基金都可以投资。比如，银行理财投资的是债券，那么，基金也有专门投资债券的债券基金。股票投资的股票市场，基金也有专门投资股票市场的股票基金。黄金也可以通过基金去投资，现在有专门跟踪黄金价格走势的指数基金。另外，现在政府正在大力推行房地产信托基金，也就是REITs基金，我们也可以通过买这类基金来投资房地产市场。不仅如此，基金还可以投资海外市场，我们可以通过QDII基金去投资全球市场。所以，基金是一个全市场、全工具的投资产品，用好基金这个工具，做好整个家庭的投资就完全足够了。

4. 专家理财

基金的第四个好处是专家理财。对于投资，很多人都是不专业的，并且也没有那么多的时间去分析和研究市场。不过没有关系，基金可以帮助我们解决这个问题，我们买基金就相当于是雇用基金公司和基金经理，让他们帮我们去做投资。基金公司有专门的研究团队，他们就是专业做投资的，不断地去发掘好的投资机会。还有基金经理，帮我们管理基金，基金经理也都是高学历的专业人才。他们的专业能力要比普通人高出很多。我们自己不懂没有关系，我们会选择好的基金管理团队和基金经理经理就可以了，这样就极大地降低了投资的难度和风险。

5. 收益可观，盈利概率大

基金的第五个好处是收益可观、盈利概率大。基金可以投资股票这类高收益的工具，和银行理财、保险理财这些工具比较起来收益更高。而基金可以同时投资多只股票，还可以配置债券等其他标的。基金的投资风险比我们自己去投资股票要低一些，只要掌握一定的方法，做基金投资要比做股票投资有着更大的赚钱概率。所以，基金是一个收益可观、风险适中、盈利概率大的投资工具。

我自己做了多年的投资，对各种投资工具也都有过了解和尝试。最后我发现真正适合大多数投资者的工具，还是基金。这也是我为什么愿意花时间来研究基金的原因。我们想要高收益，可以投资股票基金，想要稳健收益，可以投资债券基金，想要灵活，可以投资货币基金，想要投资房地产，可以投资REITs基金，想要投资黄金，可以买黄金指数基金，想要投资海外市场，可以投资QDII基金。更何况基金这个工具，还比其他的投资工具更加安全成熟，投资门槛低，操作方便。

三、基金的分类（上）

想要真正地读懂一只基金，需要我们能够给基金做准确的分类，只有先给基金做一个清晰的定位，我们才知道怎样去选择基金进行投资。所以，学会给基金准确的分类，是我们做好基金投资的必备技能。

通常在说到基金分类时，会介绍基金有很多种分类方式，然后按照不同的分类方式，同样一只基金可以同时属于多种类别。但是因为基金的分类方式太多了，导致很多朋友不好记忆和理解。

为了方便大家记忆和理解，我用一个例子来讲解基金的分类。大家以后只要能联想到这个例子，就能够搞清楚基金的分类。

我们可以把基金想象成一个容器，假设就是一个杯子。这个杯子可能是玻璃的，也可能是陶瓷的，还可能是银的。同时，杯子的造型也有很多种类，可以是圆柱形的，也可以是方形的。

而杯子的各种材质的不同和造型的不同,就好比是基金产品设计的不同。比如有的基金是开放式的,有的基金是封闭式的;有的基金是在场外申购赎回,有的基金要在场内买卖;有的基金既可以在场外申购赎回,又可以在场内买卖;有的基金是公开募集的,有的基金是私下募集的;有的基金是前端收费的,有的基金是后端收费的;有的基金是主动管理型的,有的基金是被动管理型的。不同设计的基金,会有不同的特点。

除此之外,杯子中还可以装不同的饮料,可以是白开水,也可以是酒,还可以是可乐、果汁等。而装入了不同的饮料,就决定了它的味道。同样,不同设计的基金,也可以装入不同的投资标的。可以是股票、债券、房地产、大宗商品和其他。而这些投资标的(对象)不同的基金,所呈现的"味道"也完全不同。具体分类见下面的思维导图。

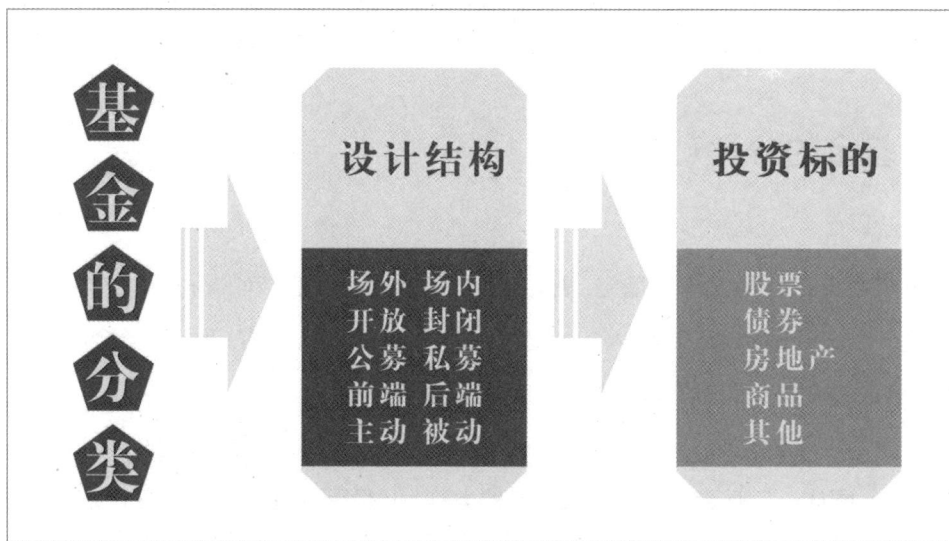

当有了大的思路和框架后,接下来我就把这张思维导图展开进行详细的讲解。首先按照基金设计结构的不同进行分类。

根据买卖基金场所的不同,可以把基金分为场外基金和场内基金。这里的场,是指股票交易市场,凡是能够在股票交易市场上交易的基金,都是场内基金。常见的场内基金有ETF基金、LOF基金、封闭式基金等。我们买卖这些基金,都需要通过证券账户的股票交易系统,像买卖股票那样去进行交易。而场外基金,也就是我们通过银行、证券公司、第三方基金销售平台去买入的基金。

我们在场外买卖基金，是和基金公司进行的申购和赎回。在场内买卖基金，是和其他投资者进行的买卖交易，交易的对象是不同的，交易的规则也是不同的。场内基金的价格，在交易时间内是实时波动的，买卖成交了资金可以立即到账。而场外买卖基金，是不知道具体的价格的，如果是交易日15：00之前买入，那么是当天晚上的基金净值。如果是15：00之后买入，则是下一个交易日的基金净值，卖基金时也是如此。并且在场外买卖基金，比场内要慢一些，需要2~3天的时间，才能成交。当然，他们的交易手续费也是不同的，手续费将在后面的内容进行介绍，这里先不展开了。

比如，南方创业板ETF，就是一只场内基金。而南方创业板ETF联接A，就是一只场外基金。除此之外，还有一种特殊的基金，也就是LOF基金，这种基金既可以在场内进行买卖，也可以在场外进行申购赎回。比如，兴全合宜混合（LOF）A，就是一只既可以在场内买卖的基金，也可以在场外申购赎回的基金。

根据基金管理运作的不同，可以把基金分为开放式基金和封闭式基金。所谓开放式基金，就是可以随时找基金公司进行申购和赎回的基金（当然除去新基金的建仓期）。开放式基金的份额会随着申购人数的增加而增加，随着赎回人数的增加而减少。而封闭式基金在封闭期以内，我们是不能找基金公司进行申购和赎回基金的。

因此，在封闭期内，封闭式基金的份额都是固定不变的。但是有一些封闭式基金，可以上市交易，也就是转换到股票市场上，进行投资者之间的买卖交易。封闭式基金也是有开放期的，在开放期内可以申购赎回基金。这时，基金的份额也会发生变化。比如，东方红睿阳三年混合，就是一只封闭式基金。封闭期为三年，三年之后再开放一段时间，这个时间内，投资者可以进行申购赎回，而过了开放期，又会进入下一个三年的封闭期。不同的封闭式基金封闭期不同，有封闭半年的，也有封闭一年的，还有其他期限的。开放式基金就很常见了，比如南方创业板ETF联接A，就是一只开放式基金。

根据基金募集方式的不同，可以把基金分为公募基金和私募基金。公募基金就是面向大众公开募集的基金。这里所讲的基金，都是公募基金。私募基金是面向特定人群募集的基金，这里的特定人群主要是高净值人士，因为私募基金的起投门槛就是100万元。公募基金的监管要严格一些，目前国内只有100多家公募基金公司，但是私募基金公司却有上万家。对于大多数投资人来说，做公募基金投资就足够了。因此，对于私募基金也不做过多介绍了。

根据基金的收费方式不同，可以分为前端收费和后端收费，还有不收取申购费，但是收取销售服务费的C类基金。而通常前端收费就是A类基金，后端收费就是B类基金。比如南方创业板ETF联接A就是A类基金，在买这只基金时，就被收取了申购费。南方创业板ETF联接C，就没有收取申购费，但是会有收取销售服务费的C类基金，这只基金并没有后端收费的基金类别。无论是南方创业板ETF联接A类、B类还是C类，只是收费方式不一样，它们本质上都是一只基金。了解了基金的不同收费方式，可以根据自己的投资期限来选择不同类型的基金，如果是长期投资，建议选择A类的，短期一般一年以内的，选择C类基金。B类后端收费的基金，一般不用考虑，因为现在很多平台都有申购费的折扣，B类基金没有折扣优惠，就不是那么划算了。

根据基金投资理念的不同，可以把基金分为主动管理型基金和被动管理型基金。主动管理型基金依靠基金公司和基金经理的投资能力，希望能够取得超越市场的平均收益。而被动管理型基金，也就是指数基金，这类基金只需复制指数的走势，追求市场的平均收益。比如，南方创业板ETF联接A就是一只跟踪创业板指数的被动管理型基金。而兴全合宜混合（LOF）A就是一只主动管理型基金。区别主动管理型基金和指数基金，只需看基金的名称即可，凡是基金的名称中有××指数和ETF的就是被动管理型指数基金。除此之外，基金名称中××股票、××混合的就是主动管理型基金。主动管理型基金和被动管理型基金的选择方法完全不同，后面也会进行详细的讲解。

以上是根据基金的设计结构不同进行分类的。在此基础上，基金还可以进一步进行分类，再按照基金的投资标的来分。因为不同的水杯可以装不同的饮料。也就是说，开放式基金可以是投资股票的，也可以是投资债券或者其他标的的。封闭式基金也是同样可以投资股票、债券或其他标的的。场外基金和场内基金、主动管理型基金和指数基金也是如此。

不同投资标的的基金，表现出的特性也和对应的标的一样。比如投资股票的，那么就和股票的一样，投资债券的就和债券一样，投资房地产的就和房地产一样，投资大宗商品的就和大宗商品一样。如果还混合了多种投资标的，那么就会有多种特性，这需要我们弄清楚各种投资标的的特性。对于各种投资标的的特性，内容非常多，后面再详细进行讲解。

四、基金的分类（下）

前面介绍了基金可以按照基金不同的设计结构和投资标的进行分类。下面介绍基金按照不同的投资标的进行分类的情况。

基金的投资标的（对象）有很多，最常见的是投资股票的股票基金。我们看到基金名字中有××股票的，就是股票基金。股票基金绝大部分资产（80%以上）都是投资的股票，所以，其特性和股票的特性是一样的。股票价格波动剧烈，股票基金的波动也非常剧烈。一般来说，一天几个点的涨跌幅度都是很正常的情况。虽然股票基金的波动大，但是从长期来看，其收益率也是最高的。

而股票基金，还可以根据具体投资的股票类型进一步进行细分。比如，有投资大盘蓝筹股的，有投资小盘成长股的，还有投资大盘成长股的。可通过看基金的风格来确定基金的具体投向，也可以去看基金的十大股票持仓来判断基金的投资风格。关于怎样查看基金的信息和判断投资风格，后面有专门的章节详细讲解，这里先讲解基金的分类。

基金的资产主要是（80%以上）投资于债券的，就是债券基金，通常基金名字中有××债的，就是债券基金。债券基金由于主要投资债券，所以收益和波动都要比股票基金低很多。同样债券也有很多种分类，债券基金也是可以进一步进行细分的。

比如可分为纯债基金，这类基金只投资债券，不投资股票。还有二级债基，这类基金有一部分比例的股票配置，但是不超过20%。还有专门投资可转债的可转债基金。关于债券基金更多的知识和内容，后面我还会详细讲解。

20%比例内投资股票的基金是债券基金，超过80%比例投资股票的，是股票型基金。那么，20%~80%投资股票的基金怎样称呼呢？这类基金，就是混合基金。我们看到基金名称中有××混合的，就是混合基金。不过，有的混合基金，股票比例范围更加灵活，可能会低于20%，也可能会高于80%，虽然这类基金名称上是混合基金，但是本质上与债券基金和股票基金是一样的。

混合基金是比股票基金和债券基金更加灵活的一种基金。我们要弄清楚一只混合基金，最关键的就是弄清楚它的股票债券比例。股票比例越高，特性和股票基金也就越像。这类混合基金称为偏股型混合基金，如果股票的比例较低，债券的比例较高，这类混合基金称作偏债型混合基金。股票债券比例比较接近的，比如各占50%比例的，这类混合基金称作平衡型混合基金。还有一类混合基金，股票债券比例随时都可以发生变化，称为灵活配置型混合基金。

另外还有一类我们平时接触比较多的基金，但是可能一些朋友还不知道它们是基金。比如微信的零钱通，支付宝的余额宝，这类理财工具其实对接的就是货币基金。货币基金是主要投资于货币市场的基金。

以上四类基金是做基金投资最常见的基金类型。除此之外，还有一些不太常见的。比如投资房地产的REITs基金。这类基金就是把我们的钱拿去投资一些房地产项目。比如持有商业大厦，投资者可以享有地产价格增长和租金收益。这些收益也都会以分红和基金净值增长的方式，给到投资者。

目前国内也推出了这类基金，主要的投向是一些基础设施项目，比如高速公路、铁路、产业园等地产项目，而不是常见的住宅或者商业大厦。不过目前这类基金刚刚上市没多久，至于这类基金到底怎么样，我们后面也只有走一步看一步了。

投资大宗商品的基金，最常见的就是投资黄金。比如黄金ETF基金，就是跟踪黄金价格走势的指数基金，黄金的价格上涨，基金也就跟着赚钱。还有投资原油、商品期货指数的基金，也都是属于商品类基金。这类基金的涨跌，跟踪的对应商品价格的走势。如果你看好这些商品的未来价格走势，可以投资对应的商品基金。由于商品不像股票、债券、房地产可以产生被动收益。所以，投资商品只能赚取商品价格波动的收益。

除此之外，还有其他的另类基金。比如FOF基金，就是投资基金的基金。未来也有可能会出现投资其他标的的基金,比如投资收藏品,这些都是有可能的。只不过目前还比较小众,我们作为了解就可以了。

接下来,我举一个例子来说明一只基金的分类情况,大家就好理解了。比如,沪深300指数基金。听名字,就知道它是指数基金。如果按照募集方式来分类,它属于公募基金,普通投资者都可以买,100元起投。至于是场内基金还是场外基金,那就要看具体是哪一只沪深300指数基金了,很多家公司都有推出自己的沪深300指数基金,有场内的也有场外的。通常来说,沪深300指数基金都是可以随时买卖(申购赎回)的。所以,从运作模式上来说,它属于开放式基金。如果按照投资标的来分类,沪深300指数基金,是投资的国内股票市场,所以,它也是一只股票型基金。由此可见,同样一只基金,按照不同的分类方式,它可以有多重身份。

五、如何买卖基金

我们想要买基金,需要通过正规的基金销售渠道。前面介绍了基金是一个监管非常严格的投资工具,对于基金的销售机构,也都是要获得基金销售许可证,才能进行基金的销售。目前可以销售基金的常见金融机构有:基金公司、银行、证券公司、第三方基金销售平台。我们要买卖基金,需要通过这些金融机构的软件进行操作。

这些平台各有各的优势和特色。比如有的基金,有可能只能在基金公司的直销渠道买到。因为有的基金公司,很可能没有和其他的代销渠道合作。在做理财科普的过程中,经常遇到朋友问我,××基金我怎么在某家证券公司的软件上搜不到?这是因为这只基金没有在这家证券公司销售。

再如银行,它们有大量的客户资源。老百姓会觉得银行比较安全,所以,很多人会选择去银行买基金。通常,银行买基金的费用会比较贵一些(关于基金费用的问题,我后面会介绍)。当然,现在我也看到一些银行开始降低基金的买卖费用,再加上银行还有专门的人员跟进服务(特别是对于资产量大的客户)。比较看中服务的朋友，也可以选择在银行买基金。但是要注意的是，银行理财经理可能存在让我们"卖旧买新"的问题。

证券公司也有自己独特的优势，那就是可以买场内基金。通过证券公司的软件，不但可以买到场外基金，也可以买到场内基金，后面会详细地讲解场内基金的买卖流程。

对于第三方基金销售平台，我们可能都在接触，只是平时没有太注意。比如微信的零钱通，支付宝的余额宝，这些都是第三方基金销售平台销售的。除此之外，还有天天基金、蛋卷基金等，也都是属于第三方基金销售平台。目前来看，第三方基金销售平台软件体验比较好，且买卖费率会低一些。

基金公司、银行、证券公司、第三方基金销售平台，这些基金销售渠道都是合规的，可通过这些渠道和平台去买卖基金。至于选择什么平台、哪家公司，我就不做推荐了。大家可以根据自己的喜好来选择适合自己的渠道和平台。

但是，无论通过哪家平台去买卖基金，都需要以下几个步骤，首先下载该渠道的手机软件。比如银行渠道，要下载银行的手机软件，基金公司也要下载基金公司的软件，有的基金公司没有手机端软件，还需要登录它们的官方网站。证券公司和第三方基金销售平台同样如此。

下载软件，建议在手机的正版应用商店中下载官方的软件。不要去网上随便下载，以避免下载到木马、骗子软件。下载软件后，还要注册（或者开户），这时需要提交身份证、银行卡、居住地址、风险测评等信息。对于这部分内容，如果大家拿不准，或者实在不知道怎么操作，可以寻找金融机构的服务人员帮助，比如可以找银行的工作人员，让他们帮助你下载注册银行的手机软件。

下载注册这些平台的软件后，就可以做基金的买卖。对于基金的买卖，还要进行分类。可分为场外基金和场内基金（这里的场指的就是证券交易市场），场内基金就是只有通过证券公司的软件，在股票交易系统中进行买卖的基金。而我们平时在其他渠道所买到的基金，都属于场外基金。

1. 场外基金的购买流程

要买基金时，首先需要找到这些平台的基金板块界面。因为无论是银行还是证券公司，或者是第三方基金销售平台，它们都是在往金融产品超市的方向发展。除了基金外，它们还有销售其他类型的金融产品。

其次需要运用搜索框。在搜索框中，输入要买基金的代码。如果这个平台销售这只基金，那么就会显示出来。如果没有，很可能这个平台没有销售这只基金。那么，基金代码在哪里能查到呢？这些内容将在后面的章节中进行详细的讲解，不同的基金选择方法是不同的。

最后进入基金的购买页面，选择购买或者定投。一般场外基金都是有定投选项的，如果想要单笔买入，就直接选择购买基金，然后输入想要买的金额，直接购买即可。

另外，需要注意的是，有的平台支持从银行卡中直接扣费，但是有的平台需要先把银行卡的钱转到平台账户，才能购买（如证券账户）。如果想要设置定投计划，那么就选择定投选项，设置自己定投的频率（每月定投/每周定投都可以），还有每一期定投的金额。设置好定投计划后，到了对应的时间，平台会自动帮助我们买入基金（当然设置好的定投计划，也可以进行调整和终止）。

购买场外基金，并不是说当天买入基金，就能够马上成交。场外基金的买卖是需要时间的。如果是在交易日（周一到周五，除去节假日）15:00之前买入基金，那么是按照当天晚上的基金净值（也就是价格）进行计算的。等到第二天，才确认份额。这时，有的软件可能没有在持仓中显示，需要等到份额确定后，才会在持仓中显示出来。以前就有朋友问过我，我们刚刚买的基金怎么没有显示呢？其实就是这个原因。场外基金买卖，不是立马成交的。另外，如果在15:00之后，或者是周末买入的基金，基金会按照下一个交易日晚上的净值进行计算。大家要知道，在买场外基金时，都是不知道基金的净值（价格）的。

成功买入基金后，接下来就是持有基金的时间，在此期间内，基金每个交易日都会公布净值，也就是说，我们可以看到自己买的基金是赚钱了还是亏钱了。现在的基金销售软件，还会有持仓盈亏和收益率的显示。

如果有一天，我们不想投资某一只基金了，可以在基金持仓的页面，打开基金详细页面，选择卖出基金。当然前提是这只基金在开放期，如果在封闭期是不能卖出基金的。

同样，我们卖出基金，也不是立马成交的。如果在交易日15:00之前，选择卖出基金，那么基金公司会按照当天晚上的基金净值进行结算。如果是15:00之后，或者是周末卖出的，会按照下一个交易日的基金净值进行结算。我们卖出场外基金时，同样也是不知道基金的净值（价格）的。卖出场外基金后，一般来说，需要3~5个交易日，资金才能到账。如果是QDII基金，需要的时间还会更久。

2. 新发基金的购买流程

以上介绍的是老基金，也就是基金募集完成，过了封闭期以后，我们再去买。如果是买新基金，那么买卖流程又是不一样的。新基金是有募集期的，过了募集期，就买不到新基金了。而新基金的募集期是不确定的，有的新基金可能一天就募集完成，有的可能1~2个月都还没有募集完成。

在新基金的募集期，同样在销售平台的基金板块页面，输入基金的认购代码。然后输入想要认购的金额，即可进行新基金的购买。但是，有的新基金可能会比较火爆，会进行配售，也就是有可能我们买了10万元的基金，最后只有5万元是买成功的。剩下的5万元，过1~2个交易日，会自动回到我们的账户中。和老基金不同，新基金的净值（价格）都是1元。

新基金购买成功了，不是我们想卖出就能卖出的。需要等到开放期，新基金募集完成了，都有一个封闭期（建仓期）。过了封闭期才可以卖出基金。同样卖出基金，资金通常也需要3~5个交易日才能到账。

3. 场内基金的购买流程

场内基金只能用证券公司的软件，通过股票交易系统才能进行买卖。所以，需要提前开通好股票账户，而不是银行，微信、支付宝这些平台。一定要××证券公司的软件才可以。

进入证券公司软件，找到股票交易系统，也就是买卖股票页面。然后在搜索框中搜索想要买入的场内基金的代码，进入下单页面，在该页面中，可以选择自己想要买入的份数。场内基金最少是100份起买，是100的整数倍这样下单。你买101份，这样是不行的。当然还有一个前提，就是你的证券账户要有足够的可用资金，也就是需要我们提前把银行卡中的钱，转入证券账户中。

选择好要买的份数后，接下来就是设置价格。我们会在股票交易系统中看到五个买入的价格，分别是买一、买二、买三、买四、买五。然后还有五个卖价，分别是卖一、卖二、卖三、卖四、卖五。在这些价格的后面，还有挂单的数量。这些数量也就是整个市场上其他人的出价。

如果想要快速成交，那么可以选择卖一的价格进行买入。如果市场上卖出的有我们想要买入的份数，那么马上就可以成交，然后在我们的持仓中就会显示出来。但是，如果没有那么多卖出的份数，就需要等待，等市场上有这么多这个价格的份数之后才能成交。当然，我们委托的单子在没有成交前，都可以去撤单。撤单后，再出更高的价格去买，这样就能快速成交了。

场内基金和场外基金不同，是马上就能成交的。价格也是随时都在波动的，而场外基金，一天就只有一个价格。

我们卖出持有的场内基金，也要通过这个系统，选择卖出的份数、卖出的价格进行挂单。只要市场上有人以我们挂出的价格买入，我们就能够卖出去。想要快速成交，可以选择买一的价格进行卖出。

另外，需要注意的是，目前大部分场内基金和股票一样，也是实行T+1交易。也就是今天买入的基金，明天才能卖出。但是场内基金，只要撮合交易成功，资金是实时到账的，不像场外基金那样要等几天时间。注意资金实时到账，可以拿来买其他的产品或者基金，但是当天不能转出到银行卡，第二天才可以，这是场内基金的交易规则规定的。

六、投资基金会被收取哪些费用

做基金投资的本质，其实就是我们把钱给到专业的人，让他们帮我们做投资赚钱。换句话说，我们买基金，就相当于请人帮我们做投资。那么，既然请人帮我们做投资，自然需要我们付出一定的费用。

而不同的基金，收费方式是不一样的。比如，有的私募基金，它们采用分成的收费方式。也就是赚了钱后，收益部分按照20%、30%或者其他的比例进行分成。

不过目前我们所投资的公募基金，主要的收费方式还是收取管理费。也就是说，不管你投资是赚钱还是亏钱，基金公司都会按照一定的比例来收取管理费。

通常股票型基金每年会收取1.5%的管理费，管理费的收费方式是每日计提，我们所看到的基金净值，是已经扣除了管理费后的。所以，其实我们平时是感受不到管理费存在的，但实际上已经收取过了。债券基金的管理费低，通常不到1%，货币基金的管理费就更低了。并且，每一只基金的管理费率都不同，可以在基金的介绍页面去查看基金的收费情况（见下图）。

○ 运作费用				
管理费率	1.50%（每年）	托管费率	0.25%（每年）	销售服务费率 —

注：管理费、托管费、销售服务费从基金资产中每日计提。每个交易日公告的基金净值已扣除管理费和托管费，无需投资者在每笔交易中另行支付。

基金的管理费，是基金的管理人，也就是基金公司收取的。以前介绍过，除去基金管理人之外，基金还有托管人，通常是商业银行。基金的托管人也要收费，它们收取的是基金的托管费。托管费也是股票基金最高，通常为0.25%，债券基金和货币基金次之。和管理费一样，托管费也是每日计提的。

除此之外，还有销售服务费。但并不是所有的基金都有销售服务费。如果我们看到一只基金有销售服务费，那么说明这只基金是C类的基金。因为收取了销售服务费的基金，也就不会收取申购费了。而要收取申购费的基金也就是A类基金。这就是A类基金和C类基金的差别。同样，销售服务费也是每日计提的。

以上三种费用：管理费、托管费、销售服务费。我们把它们统称为基金的运作费用。也就是在基金的运作过程中收取的费用，它们的收费方式也都是每日计提的。然后我们所看到的基金净值，都是扣除这些费用后的，所以，我们通常感受不到它们的存在。

而对于买卖基金过程中产生的费用，大家就非常敏感了。比如买基金时，会被收取认购费或者申购费。如果是新基金，我们去买，收取的就是认购费。如果是老基金，那么收取的就是申购费。通常认购费要比申购费便宜一些，比如股票型基金申购费为1.5%，而认购费可能为1.2%。不过现在很多平台基金的申购费可以打一折，也就是0.15%。而认购费通常没有折扣，所以，最终是买新基金的费用会比老基金更高一些。

另外，介绍一下认购费和申购费的计算方法，比如买1万元的基金，假设申购费为1.5%。我们就以为会被收取，10 000乘以1.5%也就是150元的申购费，当然用这样的方法，初步估算是可以的。但是，实际上基金的申购费不是这样计算的，申购费的计算公式为：申购金额−申购金额÷（1＋申购费率）。也就是先用10 000除以1加1.5%的和，然后再用10 000去减去这个数字，得到的差才是收取费用。这个实际的数字约等于147.8，比我们预估的150要少一些。

以上是申购费的计算方式是前端收费的方式。所谓前端收费，是指在买基金时，就把申购费收取了。但基金的申购费还有后端收费的方式，所谓后端收费，是指卖出基金时再收取申购费的。后端收费的计算公式为：赎回份额×申购日基金份额净值（基金份额面值）×后端申购（认购）费率。假设赎回10 000份基金，申购日的基金净值是1，后端赎回的费用为1.5%，也就是会被收取150元。

那么，前端收费和后端收费应该如何选择呢？建议大家直接选择前端收费，因为现在很多平台前端申购费都是打一折的，但是后端收费，申购费往往没有折扣。所以，选择前端收费方式更加节约费用。

在买基金时，会被收取认购费或者申购费。在持有期还会被收取管理费、托管费，部分基金还有销售服务费。那么在卖出时，是不是也有收费呢？是的。卖出的时候，也是有收费的，叫作赎回费。当然，不同的基金，赎回费也不一样。一般来说，持有基金的时间越久，赎回费就越低，这是基金公司为了鼓励大家长期持有基金而设计的。比如以下这只基金，持有时间超过2年，也就不会收取赎回费用了（见下表）。赎回费的计算方式就很简单，就是赎回的金额乘以赎回费率。

适用金额	适用期限	赎回费率
—	小于 7 天	1.50%
—	大于等于 7 天，小于 30 天	0.75%
—	大于等于 30 天，小于 1 年	0.50%
—	大于等于 1 年，小于 2 年	0.25%
—	大于等于 2 年	0.00%

以上是在场外买基金时，被收取的费用，如果在场内买基金又是如何呢？和场外基金一样，场内基金也是有运作费用的，比如管理费和托管费。这些基金只要成立，都是会被收取费用的。

场内基金和场外基金收费的不同在于：场内基金买卖没有申购费和赎回费，交易的对象也不是基金公司。场外买基金是找基金公司去申购基金，卖基金也是找基金公司赎回基金。而场内买基金，是从其他投资者手中去买基金，卖出也是把自己手中的基金份额，卖给其他投资人。所以，场内买卖基金，被收取的是交易佣金。这是给我们提供买卖通道的证券公司收取的。而交易的佣金怎么收取？每一家证券公司不一样，这需要去和证券公司确认，如果我们的资金量大，还可以找证券公司降低佣金。如果证券公司不降低佣金率，我们可以换其他费用更低的证券公司，进行基金的买卖。

假设证券公司收取万分之二的佣金率。也就是我们买10万元的基金，会被收取20元的费用，在卖出基金时，还会被收取20元的费用，目前场内买卖基金都是要收费的。需要注意的是，场内买基金通常有5元的门槛手续费，也就是我们买一笔，哪怕是100元，最少也会被收取5元，卖一笔也是如此。所以，如果是资金量比较小的朋友，比如一次买几百元基金的朋友，还是在场外买基金就可以了。场内买基金，比较适合大资金，通常单笔在10 000元以上。

最后总结一下，场外基金买入时会有认购费和申购费，持有期会有管理费、托管费、部分基金还有销售服务费，赎回时根据持有时间的不同，可能还会有赎回费。而场内基金的买卖，是证券公司收取的佣金，对于基金的运作费用，场外基金和场内基金都是一样的。

总的来说，股票基金整体费用最高，债券基金次之，货币基金最低。另外，主动管理型基金的费用，也比被动指数基金高。也就是说，管理难度越高，基金的费用收取也就越高。

看完基金的费用后，可能有的朋友会觉得：这基金也太坑了，这也收费，那也收费，收费太高了。其实任何投资工具都是有投资成本的，比如我们买房，同样会被收取各种税费。我们买理财产品，看似没有收费，但其实产品也是有管理费的。投资产品收取费用是非常正常的，我们也不要觉得投资工具有费用，就不去选择了。只要这个工具能够帮助我们赚钱，收取费用也是可以接受的。只是我们要知道它们具体要收取哪些费用，然后可以合理地利用各种规则，在买同样产品的情况下，能够节约一些费用成本。

七、与基金有关的金融机构

如果要做基金投资，则需要了解和基金有关的知识。前面我介绍了基金的结构、基金的分类、基金的费用、基金的交易规则等内容。下面再介绍与基金有关的金融机构。

1. 基金公司

一只基金的诞生，离不开基金公司。要先有基金公司，才会有基金。而公募基金公司的成立是有要求的，需要获得中国证券监督管理委员会（以下简称“中国证监会”）批准，拿到牌照后才能开办。到2022年2月，一共有138家公募基金公司。这个数量还在不断增加，具体多少家，可以去中国证券投资基金协会官方网站查询（见下图）。

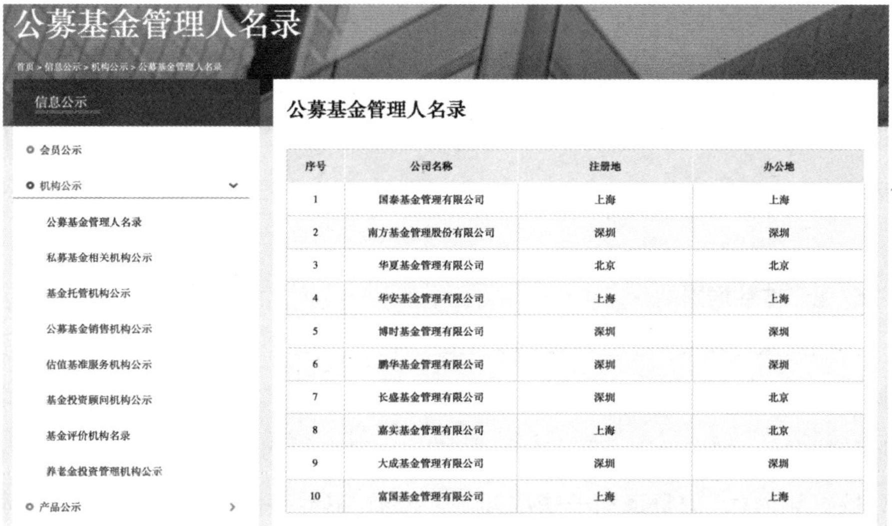

序号	公司名称	注册地	办公地
1	国泰基金管理有限公司	上海	上海
2	南方基金管理股份有限公司	深圳	深圳
3	华夏基金管理有限公司	北京	北京
4	华安基金管理有限公司	上海	上海
5	博时基金管理有限公司	深圳	深圳
6	鹏华基金管理有限公司	深圳	深圳
7	长盛基金管理有限公司	深圳	北京
8	嘉实基金管理有限公司	上海	北京
9	大成基金管理有限公司	深圳	深圳
10	富国基金管理有限公司	上海	上海

基金的成立、募集、管理，甚至最后的清盘，都离不开基金公司。在基金的名字

中，也可以看到基金公司的名字。比如华夏沪深300指数，说明这只基金是华夏基金公司管理的。再如，大成纳斯达克100，说明这只基金是大成基金公司管理的。

2. 商业银行

在各家商业银行，比如中国工商银行、中国农业银行、中国银行、中国建设银行都可以买到基金。商业银行是基金的主要销售平台之一，现在很多新基金发行，都是靠银行渠道销售。但很多人不知道，其实银行不仅是基金的销售渠道，有一部分银行还是基金的托管机构。所有的公募基金，都需要有托管机构。我们买基金的钱，不是直接给到基金公司，而是在有资质的银行托管起来。并且托管的银行还有义务对基金的资产进行定期核对，保证投资人的资金安全。

3. 证券公司

可能一些朋友对于证券公司的印象还停留在炒股的阶段。其实除炒股外，证券公司也提供基金代销。也就是说，可通过证券公司的渠道去买卖基金。不仅如此，前面介绍的场内基金，只能通过证券公司的股票交易系统进行交易。除此之外，满足一定条件的证券公司，也可以做基金托管业务。至于哪些证券公司可以做基金托管业务，可以在中国证券投资基金协会官网查询。

4. 第三方基金销售平台

很多朋友开始接触基金，一般是通过第三方基金销售平台，如腾讯理财通、天天基金网、京东金融、蛋卷基金等。这些网站和平台本质上都是有基金销售牌照的，属于第三方基金销售机构。基金是一种监管非常严格的金融产品，对于基金销售也是如此，必须要有牌照才能开展业务。以上是比较常见的第三方基金销售平台，这样的平台还有很多，具体数据可以在中国证券投资基金协会官网查看。

5. 第三方数据网站

我们要做好基金投资，除接触基金的销售机构之外，还需要查看基金的各种数据，然后判断基金是否值得投资。一般来说，基金的销售平台就可以查看基金的基础数据，比如支付宝、天天基金网。在这些基金销售平台上，已经可以查看大部分数据和信息。但是还有一些数据，需要通过其他平台去查询，包括晨星基金网、雪球、中证指数公司官网、金牛理财网、集思录等。

6. 其他服务机构

以上的这些机构和平台，是投资者买卖基金经常会接触到的。但其实还有一些机构和平台是投资者很少接触的，如登记结算机构、会计师事务所、律师事务所等。基金的运行，需要这些机构在背后提供支撑。

八、一只基金的生命历程

如果把一只基金比作一个人，那么一只基金的一生又是怎样的呢？一只基金的一生，主要经历以下几个过程。

首先是基金的预设立，也就是基金公司会去做基金产品设计，要发行一只什么类型的基金？是股票基金，还是债券基金？基金产品设计好之后，准备好各种资料（如基金的合同草案、基金托管协议草案、基金募集申请报告、招募说明书草案等），把这些资料交给监管机构审批，监管机构（也就是中国证监会）审核通过后，才可以开始募集资金。

基金开始募集，就和我们有关系了。我们经常看到银行、证券公司、第三方基金销售平台的基金销售广告，有××新基金，投资××行业，由××的基金经理管理。这样的基金，就是在做基金募集，募集期一般不超过三个月。如果在这三个月基金募集的资金达不到合同要求，那么基金募集发行失败。在市场行情不好时，经常会有新基金发行失败的情况发生。

不过更多的是能够募集成功，甚至在市场火热时，我们看到一些基金，一天的时间就能募集完成。甚至有的基金还会进行配售，就是买这只基金的人太多了。然后认购的金额需要按照一定的比例进行成交。比如，一只基金只募集100亿元的资金，但现在有200亿元的认购资金。那么，这时配售的比例就是50%。假设我们认购了1万元的新基金，最后成交的只有5 000元，而没有认购成功的5 000元，则会返还到我们的账户中。在新基金成立时去买基金，叫作认购基金。

基金募集完成，接下来就开始进入封闭期。在这段时间中，基金管理团队和基金经理会根据合同的规定去配置对应的资产（也就是建仓期）。当然，每一只基金建仓的时间是不一样的，基金经理也会根据当时的市场情况来决定是否建仓，还有仓位比例。一般来说，这个时间是1~3个月。在这段时间里，我们是不能去买卖基金的。

基金完成建仓后，进入开放期（当然封闭式基金除外）。这时就可以进行基金的买卖。可通过各家基金代销机构去买基金（申购基金），也可以卖出我们手里持有的基金（赎回基金）。通常我们能够去买卖的基金，都是进入开放期的基金。处于开放期的基金，也是投资者接触最多的基金。

如果基金运营得当，基金业绩稳健，表现良好。那么会吸引更多的人去投资这只基金。这样基金的规模就会慢慢增加，而基金公司是赚管理费的，基金规模越大，基金公司收取的管理费也就越多。这样的基金就可以长期存续下去。

相反，如果基金运营不当，业绩表现不好。那么更多的投资者就会赎回基金，这时基金规模就会不断变小。当基金规模小于5 000万元时，基金就有清盘的风险。因为基金的很多运营成本是固定的，如果基金规模太小，基金公司运营这只基金也就不赚钱了，那么这样的基金很可能被基金公司清理掉。

规模太小的基金有可能会进行清盘。所谓基金清盘，就是把基金中的资产进行清算，然后按照我们持有的份额再返还给投资者。遇到清盘的基金，大家也不用担心，一般在基金要清盘之前，基金公司都会多次发布公告，提醒基金要清盘了，建议我们赎回基金。甚至有的基金公司还会发短信提醒我们。我们在收到短信后，手动赎回即可。即使我们忘记赎回，基金进入了清盘流程，清盘结束后，也是会把资金返还到我们的账户中。所以，大家不用担心基金清盘会导致亏损。只是基金清盘期间是没有收益的，这样会白白占用我们的资金。所以，遇到基金清盘，最好还是提前赎回基金。而一只基金清盘，也就是代表一只基金的生命终结了。

九、如何查询基金的基础信息

在做基金知识科普的过程中，我发现很多人买基金，连怎么去查看基金基础信息都不知道，然后就开始盲目地买。这是非常危险的基金投资行为，在投资基金之前，一定要对基金的信息有全面地了解，才能判断基金能不能投资。

那么，应该如何去查询基金的基础信息呢？其实一般的基金销售平台，都可以查看基金的基础信息，比如天天基金网、腾讯理财通、蛋卷基金等。这些平台基本上都是手机端，我个人比较习惯用网站，因为网站显示的信息更加全面。

目前做得比较好的基金数据查询网站，有天天基金网和晨星基金网。在主动管理型基金投资实战章节，将讲解晨星基金网的使用方法，在这里，以天天基金网站为例来讲解基金的信息查询方法。

进入天天基金网官方网站，然后在天天基金网站的搜索框中，搜自己想要查询的基金。可以搜基金代码，也可以搜基金名字（见下图）。

下面以易方达优质精选混合（QDII）（110011）这只基金为例进行讲解。这是易方达基金公司管理的基金产品，是一只QDII基金，可以投资海外的上市公司股票。在天天基金网搜索框中搜索关键词"易方达优质精选"或者直接输入基金代码110011，进入基金详细资料介绍页面（见下页图）。

在该页面，首先看到有三个净值，分别是净值估算、单位净值和累计净值。净值估算是天天基金网根据基金的历史持仓情况，预估当天基金净值的涨跌幅度。因为买卖场外基金，是不知道基金的实际成交净值的。基金当天的净值一般在当天晚上公布，在这个页面所看到的净值是上一个交易日的。

比如上图中显示的单位净值是2021年12月6日的。基金净值的估算是2021年12月7日的。而这个净值估算只是一个参考，因为在交易日，基金持有股票的价格都在波动中，基金净值也会跟着波动。网站帮助我们做一个净值估算，对于当天买卖基金，仅是作为参考。这个估算不一定准确，因为净值的估算是根据基金的历史持仓来计算的。但基金的持仓是会变化的。一旦基金的持仓发生变化，这个净值估算也就不准确。有的朋友看到净值估算，和每天晚上基金公布的净值有差异，就说被基金经理给"偷吃"了。其实这是错误的，基金的净值估算不准确，这是很正常的。

基金的单位净值，其实就是基金的价格。它是基金的总资产除以基金的份数得到每一份基金的价格。也就是我们买卖一份基金，付出或者得到的金额。说到这里，我想起一位读者朋友问我的问题。就是他买入了1万元的基金，基金显示是赚钱的，但是在卖出时，却发现只有4 000多元了。其实他所看到的这4 000多元，就是基金的份数。基金的份数还要乘以基金的单位净值，最后得到的才是实际的金额。比如我们看到，易方达优质精选混合现在的单位净值是7.2206，并不是1元。如果在2021年12月6日当天15:00之前，买入1万元的该基金，得到的基金份数应该是1 384.9份（这里没有考虑申购费）。后面如果卖出基金，也就是卖出1 384.9份。如果基金的净值没有变化，不考虑赎回费用，得到的也是1万元，而不是1 384.9元。

最后是基金的累计净值。累计净值，就是基金从成立以来，在没有分红的情况下，净值的情况，可以反映基金实际的赚钱能力。我们要看一只基金的历史收益，就可以参考基金的累计净值这个指标。

在这三个净值下面是基金最近1个月、3个月、6个月、1年、3年及成立以来的收益率情况。然后再往下面可以看到基金的类型是QDII，基金的规模为216.62亿元，但是要注意。这个数据是2021年9月30日的。我们看到"基金规模"这四个字是蓝色的，是有二级链接的，可以点开查看这只基金历史规模的变动情况。然后是基金经理张坤，同样也可以点"张坤"这两个蓝色字体，查看张坤的个人信息，以及管理的其他基金。最后，就是基金的成立日期、基金的管理人，还有基金评级这些信息。

继续把网站页面向下滑动，可以看到以下这个页面（见下图）。

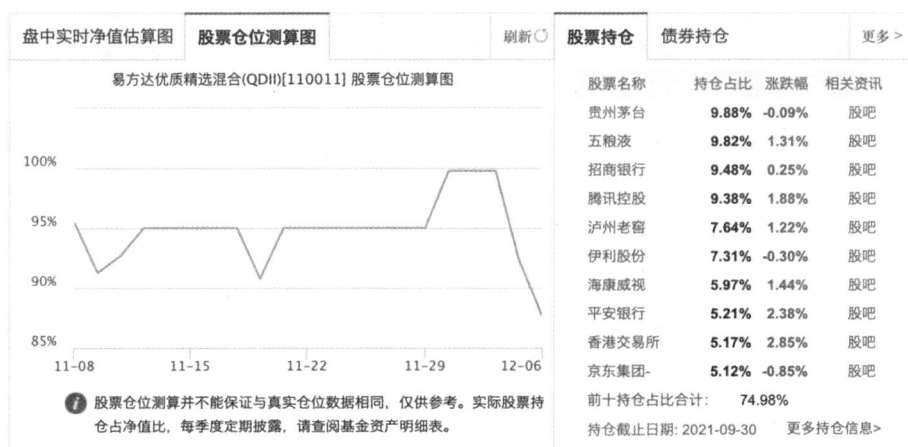

从上图可以看到盘中实时净值估算图和股票仓位测算图。这两个数据是天天基金网根据自己的一套方法进行测算的，数据仅供大家参考，不是准确的数据。准确的数据还是要以基金每次公布的季度报、半年报、年报的数据为准。

页面右侧是基金的十大股票持仓和债券持仓。基金的十大股票持仓，是选择基金经常用到的一个数据。从这个数据可以大概地判断出基金的主要投资风格和行业。比如，根据易方达优质精选混合2021年9月30日的股票持仓情况，可以看出这只基金主要投资食品饮料行业，因为前十大股票持仓中，有4只股票都是食品饮料行业的。

另外，这些公司都是大盘股票，并且投资比较集中，因为前十大股票持仓比例合计为74.98%。这些数据从基金的前十大股票持仓可以看出来。然后，在该页面的右下角，还有更多持仓信息，点开之后，可以看到这只基金以前的十大股票持仓情况。可以去看这只基金的投资风格是不是发生了变化。

再往下滑动网站，我们可以看到这个页面（见下图）。

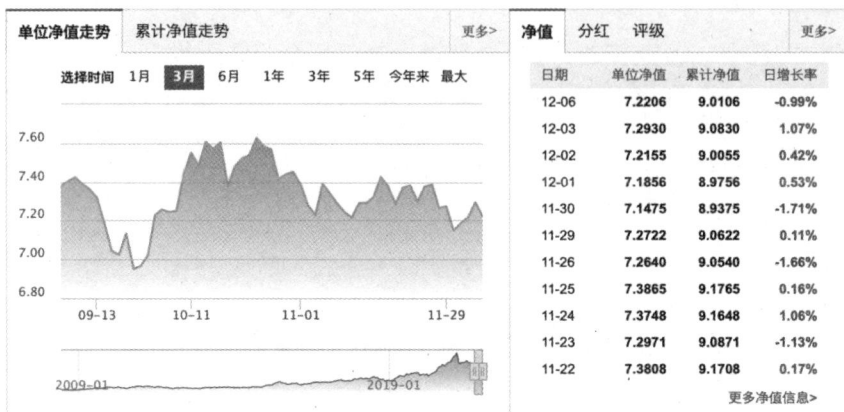

由上图可以看到基金的单位净值和累计净值的历史走势情况。可以查看最近
1个月、3个月、6个月、1年、3年、5年等各个阶段的基金净值的走势情况。在右侧，
还可以查看基金每天净值的详细数据、历史分红情况，以及评级情况。

继续滑动网站页面，往下看就是这个页面（见下图）。

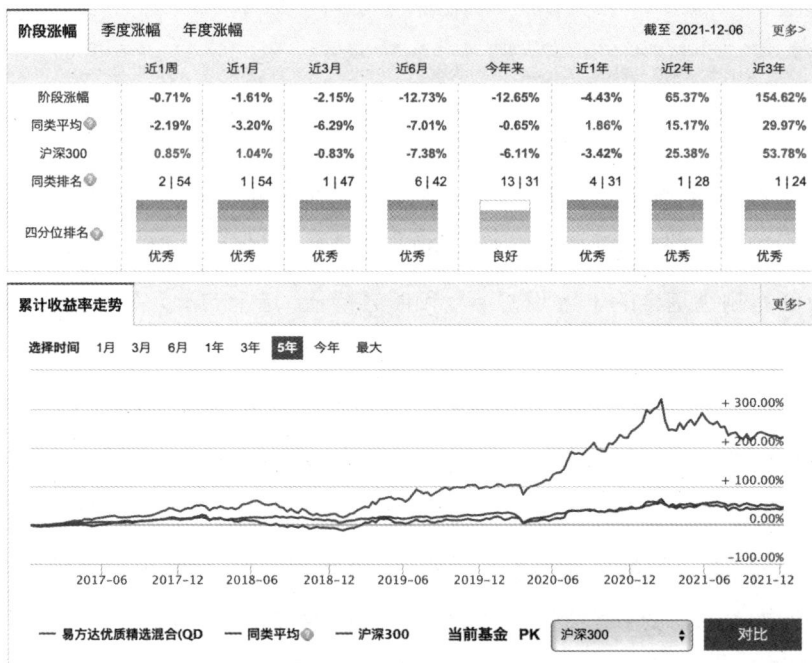

由上图可以看到基金的阶段涨幅、季度涨幅、年度涨幅的情况，以及同类平均、沪深300指数涨跌幅度的对比。还有同类排名。再往下是累计收益走势图和同类平均，以及沪深300指数的对比。我们可以看到这只基金的收益，是不是跑赢了同类平均和沪深300指数。当然对比的指数也是可以更换的，还可以选择中证500、创业板等指数。比如有的基金主要投资创业板的股票，那么就可以选择创业板指数和它进行对比。

继续滑动网站，可以看到下面的页面（见下图）。

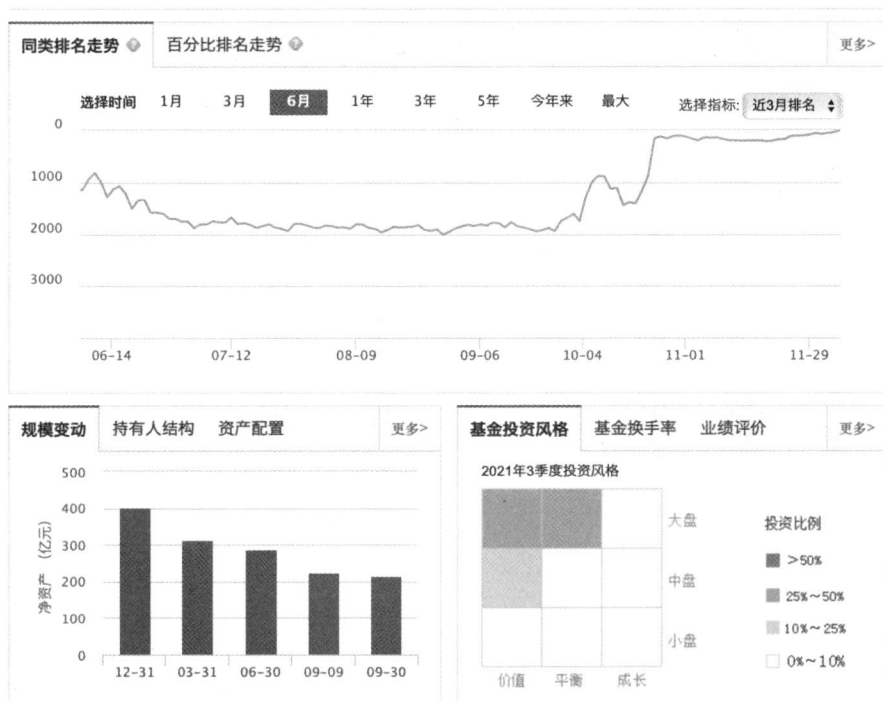

由上图可以看到，基金的业绩走势在同类基金中的排名走势，可以选择不同的时间段，基金的同类排名越靠前，说明业绩也就越好。

再往下，我们看到的是基金的规模变动、持有人结构、资产配置情况变化的表格。现在看到的是基金的规模变动情况，可以看到这只基金，最近的规模一直在降低。持有人结构主要看机构和个人持仓比例，简单来说，就是看机构买得多，还是个人买得多。

资产配置就是看基金投资股票、债券和现金的比例。右侧是基金投资的风格箱,可以看到这只基金主要是大盘价值和平衡风格。从基金的换手率可以看出基金经理是否经常买卖交易,换手率越低,说明基金经理交易得越少。最后是业绩评级,从选证能力、择时能力、收益率、稳定性、抗风险能力五个方面对基金进行评价,当然这个评价只是参考。

再往下滑动网页,我们就会看到这个页面(见下图):

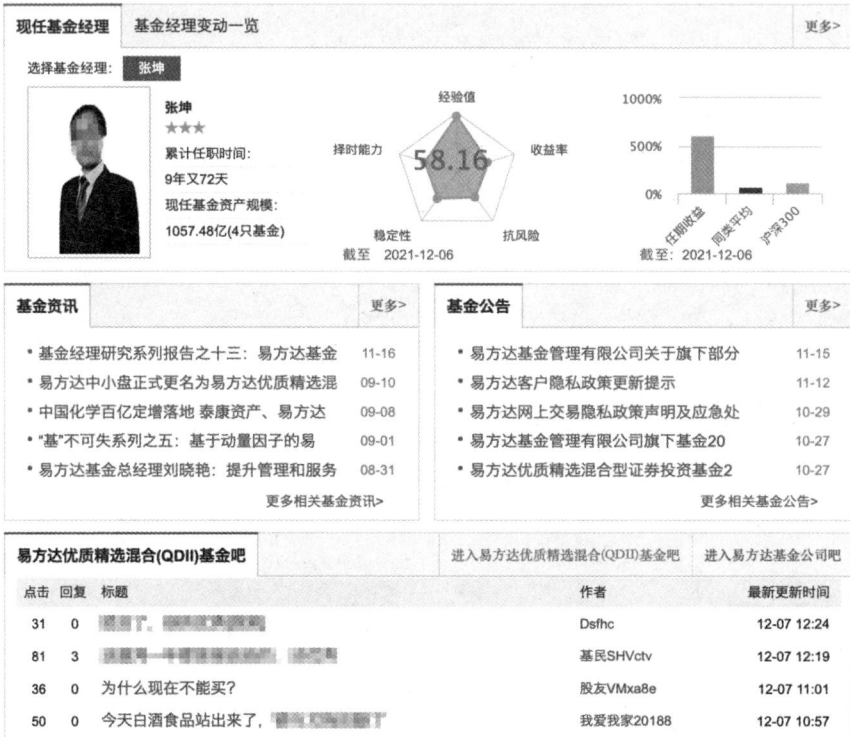

由上图可以看到这只基金的现任基金经理,还可以看到这位基金经理任职期间的收益情况。同时也可以查看历任基金经理。

再往下是基金资讯,这里有一些和这只基金有关的文章。右侧的基金公告是我们查看基金公告的地方。基金每发生重大事项都会发布公告。比如平时暂停申购赎回,限制大额申购,年报、季报、半年报的全文都可以在这里查看。

最下面是这只基金的评论区,我们可以看看网友对这只基金的评价,一般基金表现好的时候,评论区就很祥和,但是基金表现不好的时候,评论区就不是很好看了。

第三章

特殊的基金

一、封闭式基金

在上一章，我们讲解了基金有关的基础知识。那部分内容有给大家讲解基金的分类，我们知道同样一只基金，按照不同的分类方式，可以有很多种称呼。其中有一些基金是比较特殊的。所以，一些比较特殊的基金，再和大家详细讲解一下。首先，我们来看看封闭式基金。

通常所说的基金，是指那种随时都可以买卖的基金。这类基金也就是开放式基金，随时都可以申购和赎回（如果遇到非交易日，要等到交易日才生效的买卖操作）。但是有一些基金，有封闭期，买了之后，要等到封闭期结束，才可以赎回。这种基金就是封闭式基金。

和开放式基金不同，在封闭期内，封闭式基金的份额是固定的，比如最开始募集了10亿份，那么在封闭期内，这只基金的份额一直都是10亿份。而开放式基金不同，基金的份额会随着申购和赎回的情况发生变化。如果申购的人比赎回的人多，那么开放式基金的份额就会增加。假设最开始是10亿份，可能后面变成11亿份。反过来，如果是申购人比赎回的人少，那么开放式基金的份额就会减少。最开始是10亿份，后面可能变成9亿份。甚至有的开放式基金，因为赎回的人多，基金的规模过低，最后不得不清盘。

开放式基金，由于投资者随时都可能赎回，所以会留出一部分资金来应对投资者的赎回，这部分资金就不能拿去投资。而封闭式基金，在封闭期内不用考虑投资者赎回，所以可以"满仓"操作。这样的封闭式设计，更加有利于基金经理人管理基金。

而对于投资者而言，封闭式基金可以帮助我们管住自己的手，帮助我们做到长期投资。特别是在市场行情不好的时候，很多人经受不了市场的波动，看到市场下跌，就想着赶快赎回基金，降低损失。但是从长期来看，市场大跌和比较悲观时，往往是不错的投资机会。这时赎回基金，就会造成实际的亏损。而封闭式基金，就可以帮助我们避免出现短期高频买卖、追涨杀跌的操作。

封闭基金的缺点是到开放期时，市场情况不确定。如果封闭式基金的开放期，碰巧遇到市场行情很好，那么收益率大概率不错，可以赚得盆满钵满。但是，如果封闭式基金的开放期，碰巧遇到市场行情不好，那么收益率就会大大降低。特别是有的封闭式基金，在股市高点的时候募集，然后等到开放了，可能就是市场低点，导致最后收益很不理想。

当然，封闭式基金也不是说在封闭期以内就完全不能变现。有的封闭式基金，可以在二级市场上市交易。也就是说，可以把场外的封闭式基金转换到场内（股票交易市场上）进行卖出。只是场内卖出，可能会有折价，即本来价值1.5元的基金，但在场内卖出，也许只能卖1.4元。另外，不是所有的封闭式基金都支持转到场内进行交易；有一部分封闭式基金不支持上市交易。这需要在买入封闭式基金时，就和基金公司确定，后面会不会上市交易。通常这部分内容，在基金的募集说明书中也会写明。

另外，封闭式基金也有多种形式。有的封闭基金，封闭期结束了，就转换为开放式基金了。有的封闭式基金，到了开放期会开放一段时间，比如开放半个月，那么在这半个月中，可以进行基金的申购和赎回。过了这个开放期之后，基金又会再一次地进入封闭期，不断地循环下去。

比如，华夏成长精选6个月定开混合A，这只基金就是封闭期为6个月的封闭式基金，每6个月开放申购赎回一次，之后就进入下一个封闭期。再如，东方红睿泽三年定开混合A，是封闭期为3年的封闭式基金，每3年开放申购赎回一次。

二、QDII基金

不知道大家有没有想过这样的问题，像鞋子品牌耐克、阿迪达斯，手机品牌苹果，咖啡品牌星巴克。这些我们日常生活中经常接触到的公司，应该怎样去投资它们呢？

这些公司都是海外的上市公司，并没有在A股上市，我们不能直接去投资这些公司的股票。想要去投资海外市场的股票其实并不难，通过基金就可以轻松搞定。有一类专门投资海外市场的基金，也就是QDII基金。这类基金将投资者的钱聚集起来，然后换成外币，由专业的基金经理帮我们去海外市场进行投资。

如果看好某个海外市场，比如美股市场，那么可以买专门投资美股市场的QDII基金，比如标普500指数基金、纳斯达克100指数基金等。如果看好英国的股票市场，也可以投资英国的QDII基金，比如富时100指数基金。

不仅如此，还有一些投资房地产、大宗商品的QDII基金。而这些QDII基金中，既有指数型，也有主动管理型。有的主动管理型QDII基金，可能跨越多个市场进行投资。在选择QDII基金时，既可以选择我们看好的指数，也可以选择我们看好的基金管理团队的主动管理型基金。

根据天天基金网的最新统计，截至2021年12月，QDII基金一共有207只。而随着我国基金行业的发展，未来还会有更多的QDII基金产品供我们选择。这些投资海外市场的QDII基金，不但可以增加我们投资的对象，还可以起到分散投资风险的作用。从资产配置的角度来说，是非常值得我们关注的一类基金产品。只是投资QDII基金，对于投资者的要求也会更高一些，需要对海外市场有一定的了解才行。不能一点都不了解就去盲目投资。

另外，QDII基金和普通基金在申购赎回和基金净值公布上也是有差异的。普通的基金，当天晚上会公布当天的基金净值。而QDII基金，因为投资的是海外市场，所以公布净值的时间要晚一些，当天晚上公布的是上一个交易日的净值，而不是当天的净值。也就是说，QDII基金比普通基金公布净值的时间要晚一天。

在申购普通基金时，通常要第二天才能确定。而如果是申购QDII基金，还需要再多等待一天。当然每个平台会有不同，无论是在哪个平台，QDII基金的申购都要比普通的基金慢一些。赎回时也是如此，普通基金一般3~5个工作日，资金就可以到账。但是QDII基金需要5~6个工作日甚至更久的时间资金才能到账。

对于这一点，有的朋友会觉得投资QDII基金不太方便。其实这是能够理解的，因为QDII基金是投资的海外市场，而海外市场的交易时间是不统一的。这样，无论是统计基金的净值，还是申购赎回，都需要更多的时间，这些都是很正常的。这也是QDII基金的特性，大家习惯就好了。

三、ETF基金

ETF基金（Exchange Traded Fund）全称是交易型开放式指数基金，它是一种场内基金。目前国内的ETF基金，都是指数型的，也就是根据一定的选股规则，投资了一揽子的股票。但是在海外一些市场，已经有主动管理型的ETF基金了，未来国内也有可能推出这样的基金产品。

和其他的基金不同，普通的基金申购时，是用资金直接找基金公司进行申购，赎回时，得到的也是资金。而ETF基金，申购时要用基金规定的一揽子股票去申购，赎回时得到的也是一揽子股票。而且ETF基金的申购和赎回，需要几十万份甚至上百万份起，对于普通投资者来说，门槛还是比较高的。所以通常不去做ETF基金的申购和赎回，而是去做ETF基金份额的买卖交易。ETF基金份额的买卖交易，和买卖股票相同，是和其他的投资者进行的交易，而不是和基金公司进行的交易。

正因为ETF基金是用股票进行申购和赎回，也就是说，它不用像其他基金那样，需要预留现金来应对投资者的赎回，可以满仓操作。这样ETF基金和普通的指数基金相比，跟踪误差通常会更小一些。

不仅如此，和一般的指数基金相比，ETF基金的投资成本也要低一些。比如，易方达上证50ETF（基金代码501100）这只基金，它的管理费为0.15%，托管费为0.05%。交易费用则是按照券商的标准收取，而目前券商佣金，万分之二是比较常见的（也就是0.02%）。再看看易方达上证50指数（基金代码502048）这只基金，管理费为1%，托管费为0.2%，申购费为0.12%（折后）。所以，即便是同样一家公司的产品，ETF基金的管理费、托管费、交易费用，都比普通的指数基金更加便宜。

所以，如果投资指数基金。那么，选择ETF基金在费率上看非常具有优势。只是可能一些朋友不太习惯场内买基金的方式，那么也可以考虑ETF联接基金。

所谓ETF联接基金，其实就ETF基金的场外版本，在场外聚集资金，然后再去投资场内对应的ETF基金的一类基金，它的走势和场内的ETF基金相同，只是交易规则不同。

场外基金不需要开通股票账户，而是直接通过银行、第三方基金销售平台去申购、赎回基金。申购赎回遵守场外基金的交易规则。在场外申购赎回基金是需要时间的，通常需要3~5天的时间。而ETF基金只有场内的，也就是必须通过股票账户才能够买到。它的交易规则，则是遵守场内交易的规则。在交易时间内，如果价格合适，买卖交易可以及时成交。并且在场内交易，成交的价格当时就知道。但是在场外交易，成交的价格在买卖时是不知道的。这也是ETF基金和其他基金的不同之处，其实也是场外基金和场内基金的不同之处。

总的来说，ETF基金跟踪误差小，运作成本低、交易费用低、交易速度快，是一种非常优秀的基金产品。特别是对于习惯场内交易的朋友，通过ETF基金来做投资，非常方便快捷。当然，如果习惯在场外购买基金的朋友，也可以通过投资ETF联接基金，间接地投资ETF基金。

四、FOF基金

FOF基金（Fund of Funds）也就是基金中的基金。前面介绍了基金的投资对象，有投资股票的、投资债券的、投资房地产的、投资大宗商品的，而基金也可以投资基金，这样的基金就是FOF基金。

FOF基金也有多种分类方式，有的FOF基金只投资本基金公司的基金，比如，华夏基金推出的FOF基金，就只投资华夏基金公司的基金产品。这样的FOF基金，就是内部FOF基金。这类基金的好处就是没有双重收费，缺点是不够分散，且有可能存在道德风险。而有的FOF基金，只投资其他基金公司的基金，这样的FOF基金，就是外部FOF基金。这类FOF基金投资范围比较广泛，但是会有双重收费的问题。还有一类FOF基金，既可以投资本公司的基金，又可以投资其他公司的基金，这就是混合型FOF基金。

对于FOF基金的双重收费，这里特别介绍一下。平时我们投资基金，会被收取申购费、管理费、托管费、赎回费、销售服务费等各种费用。而如果FOF基金是投资的其他公司的基金，那么就会被收取两次费用。投资的基金，收取一次，然后FOF基金还会再收取一次。这就是FOF基金的双重收费。也就是说，投资FOF基金会比投资其他普通的基金成本更高。

另外，FOF基金也可以按照其他普通基金的分类方式进行分类。有的FOF基金主要投资股票型基金，这种就属于偏股型的FOF基金。而有的FOF基金主要投资债券型基金，这种就是属于偏债型的FOF基金。

目前，国内的FOF基金还处于起步阶段。截至2021年12月，根据天天基金网的统计，有233只FOF基金，这还是算上C类基金的数量。当然，这个数据还在不断地增加，未来肯定会有更多的FOF基金产品。目前大多数的FOF基金都是以养老为目标的。这类FOF基金比较稳健，通常是股票债券均衡配置，追求长期稳健的收益。这类基金比较适合风险承受能力低，追求稳健收益的朋友。

其实我们自己做基金投资，如果同时购买了多只基金，那么整体账户就相当于一只FOF基金了。这时我们自己就是"基金经理"。

怎样去识别FOF基金，其实也非常简单，就是直接看基金的名字。凡是基金名字中包含有FOF这几个英文字母的基金，就是FOF基金。比如，汇添富养老2050混合（FOF）就是一只FOF基金。

FOF基金不是我们投资的重点。既然我们学习基金投资，那么还是希望自己能够去构建基金投资组合，而不是依赖FOF基金。

五、LOF基金

在做基金分类时，介绍过基金按照不同的交易场所，可分为场内基金和场外基金。那么有没有什么基金，既可以在场内交易，也可以在场外交易呢？有的，这就是LOF基金。

LOF基金（Listed Open-Ended Fund）全称是"上市型开放式基金"。以本质上来说，它和普通基金相同，可通过银行、第三方基金销售平台买卖基金。而不同的是它多了一个交易的场所，可以在场内进行交易（在股票市场上交易）。

如果想要购买场内的LOF基金，首先需要开通股票账户，通过股票账户的股票交易系统，进行LOF基金份额的买卖交易。它的交易规则和股票的交易规则相同。也是需要在交易时间内（目前A股的交易时间是工作日9：30~11：30，13：00~15：00），才能进行交易，交易的价格可以自行设置，成交之后，资金或者基金份额立马到账。交易的费用也和股票相同，按照证券公司的佣金率收取。

同时，LOF基金也可以在场内进行申购和赎回，不过很多人都不知道这个操作。场内交易是和其他投资者进行的，场内的申购赎回是和基金公司进行的。具体的操作方法是，在证券公司的软件上，找到场内基金申购赎回的界面，输入申购或者赎回的份数即可（当然，如果要赎回，必须是先持有）。

LOF基金的场外买卖操作和普通的基金相同，通过银行、第三方基金销售平台或者证券公司软件都可以进行申购和赎回的（证券公司的软件，既可以买场内基金，也可以买场外基金，只是买卖的地方，在软件的不同板块中）。

由于LOF基金既可以在场内进行交易，又可以在场外进行交易。在场内交易会有一个价格，并且这个价格在交易时间内是实时波动的。而在场外交易，也就是和基金公司进行申购和赎回（场内申购赎回也一样），也会有一个价格。而场外申购赎回的价格，每天只有一个价格，这个价格是每个交易日基金公司公布的。

而场内交易的价格与场外的基金申购和赎回的价格有差别。有时候是场内交易的价格更高，有时候是场外申购和赎回的价格更高。如果这两个价格相差很大，那么中间就有获利的机会了。

比如，一只LOF基金，在场外的价格为1元，而在场内的价格为1.5元。这时就可以在场外去申购基金，然后去场内卖掉，赚取0.5元的差价。反过来，如果一只LOF基金，场外价格为1.5元，场内的价格为1元，就可以在场内去买入基金，然后去场外赎回，同样可以赚取0.5元的差价。只是在实际操作中，场外和场内的价格相差通常不会这么大。并且还要考虑到交易费用和申购赎回费用，以及基金价格变化的不确定性。所以，很多时候，是没有获利机会的。

如何去分辨一只基金是不是LOF基金，方法很简单，也是看基金的名称。如果一只基金是LOF基金，那么在基金的名字中会明确标明。比如，富国天惠成长混合A（LOF），就是一只LOF基金。

第四章

基金的主要投资对象

一、股票和股票基金

本章我将介绍基金的常见投资对象（标的）。说到基金，很多人立马就和股票联系起来。的确，股票是基金最常见的投资对象。

对于股票，大家应该听得比较多了。但是还有一些人，对股票存在着误解，觉得股票就是一种赌博工具。其实股票是我们拥有公司所有权的凭证，我们买公司的股票，本质上是投资一家公司，成为公司的股东。由于股票的价格受到众多因素的影响，所以，波动往往非常大，而且很难预测。一些人想要抓住这种短期的波动，到最后很容易亏钱，这样做确实和赌博比较类似。

但是，如果把时间拉长，从长期的角度来看，在常见的投资工具中，股票是收益率最高的。我们学习股票有关的知识，参与股票市场的投资是很有必要的。

投资股票可分为直接投资和间接投资。所谓直接投资，就是自己去证券公司开通股票账户，进行股票投资。另一种就是通过购买股票型基金，间接地投资股票市场。

如果我们直接去投资股票，需要我们对于整体的市场环境，对于全球和投资国家的经济情况，各个细分行业的发展情况，以及公司的具体竞争力，还有公司管理层的能力，市场情绪等各种数据都要有足够的了解。还要能够去分析这些数据，得出自己的判断。而且，即便对于股票的各种数据都掌握了，但是还不一定能做好股票投资，因为股票的涨跌是综合各种因素的影响。普通投资者很难全面考虑到所有的因素，因此，自己去做股票投资，往往很难赚到钱。

在股市上流传着这样一句话：七亏二平一赚。也就是说，70%的股票投资者都是亏钱的。所以，直接参与股票投资不适合绝大多数人。只有少部分，有大量的时间，还有足够的专业知识积累，能够控制好自己情绪的人，才适合直接投资股票的方式。

对于大多数投资者而言，比较适合的方式是选择股票型基金，间接地去投资股票市场。因为基金有专业的基金经理帮助我们去投资股票，像前面所说的各种股票的分析工作，都可以让基金经理帮我们完成，这样可以节省选择股票的时间。我们需要做的就是掌握整体股票市场的情况，学会选择适合投资的基金，掌握一些基金投资的实战技巧,坚持长期投资,绝大部分的基金投资者都是可以赚钱的。

当然基金投资也是需要我们花一些时间的,不是像一些朋友所想的那样,仅仅是选择好的基金经理就可以稳赚不赔。选择适合的基金和优秀的基金经理只是第一步。还需要根据市场的情况,或者基金主要投资的行业情况,做出一些自己的判断。我们还要知道应该在什么时候加大股票基金的投资比例,在什么时候减少股票基金的投资比例。这些内容在后面的章节中将详细介绍。

不仅如此,股票型基金也有很多分类,不同类型的股票基金,选择的方式,投资的注意事项也不同。股票基金的投资是本书讨论的重点,后面还会详细地介绍,这里先对基金的常见投资对象有一定了解即可。

对于股票市场,也是有很多的,如A股市场、美股市场。通过基金,还可以去投资不同国家的股票市场。投资的逻辑也是相通的,我们掌握了一个国家的股票基金的投资方法,那么其他国家的股票基金的投资方法也是类似的。

二、债券和债券基金

和股票一样,债券也是比较抽象的。它不像大宗商品和房地产一样,有实际的物品。对于大宗商品和房地产,大家可以具象化,好理解一些。但是对于债券和股票,很多朋友就不容易理解了。

其实债券就相当于是借条(也可以把债券具象化)。假设小明找小华借钱,然后写了一张借条,约定利息和还款时间,那么这张借条其实就是债券。只是债券通常是政府、金融机构、上市公司发行的,通常债券上也会写有利息和还款时间,发行人(借款人)等信息。只是现在都是无纸化了,债券不是像借条那样写在纸上的,而是直接以名字和数字的形式表现出来。比如,我们投资可转债(一种特殊的债券),就会在股票账户中显示××转债,然后持有多少份,每一份的价格等信息。

同样债券也有很多分类,按照不同的交易场所,可分为在股票市场上交易的债券和在银行间交易的债券,比如公司债、可转债是在股票交易市场上交易的。而国债、地方政府债券、企业债、金融债券都是在银行间交易市场上交易的。对于债券而言，其实银行间的交易市场更大一些。

按照风险特性可分为利率债和信用债，比如国债就属于利率债券，其波动主要受到市场利率的影响。而公司债属于信用债，其主要波动受到公司信用的影响。信用债的波动要比利率债的波动大，风险更高，收益也会更高一些。

按照主管机构可分为证监会、财政部、交易商协会、国家发展和改革委员会（以下简称"发改委"）、中国人民银行。证监会主要是管理公司债的发行。财政部主要是管理国债和地方性政府债的发行。交易商协会主要是管超短期融资券、短期融资券、中期票据、资产支持票据等债券的发行。发改委主要是管企业债和铁道债的发行。中国人民银行主要是管政策性银行债、商业银行债、保险公司次级债等债券的发行。

如果我们自己去买债券，需要学习非常多的专业知识。比如，前面介绍的债券的分类和管理机构。更何况像银行间的交易市场，普通投资者根本进不去。而买卖这些债券，还需要非常大的本金（债券通常以1 000万元面值为单位成交）。再加上债券本身的收益并没有股票高，所以，对于大多数投资者来说，把大量的时间花费在研究债券投资上，其实不是很划算的。更加适合普通投资者的是投资债券基金，让债券基金经理帮助我们去投资债券。

不过也有一些债券，普通投资者是可以去投资的，如国债，可通过银行渠道购买，或者通过证券公司渠道做国债逆回购。还有可转债，既有股票特性也有债券特性，收益率也比普通债券高，这也是我们可以关注的。但是，更加适合大多数人的还是投资债券基金。

债券基金也有分类，有的债券基金只投资债券，这类基金叫作纯债基金。大部分投资债券，只有少部分（不超过20%的比例）投资股票的，叫作二级债基。大部分投资可转债的，叫作可转债基金。后面也会用专门的章节，讲解债券基金的投资实战。这里先对债券和债券基金有个初步的了解即可。

除此之外，还有货币基金，我个人也把它划分到债券基金这一类别。它是主要投资短期、超短期债券或者银行存单的一种基金。所以，货币基金其实也相当于特殊的债券基金，比较适合用来做灵活资金的管理。而货币基金的投资实战内容，将在债券基金实战章节进行讲解。

三、大宗商品和大宗商品基金

　　基金的主要投资对象，分别是股票、债券、大宗商品和房地产。前面已经介绍了股票和债券这两种投资对象。这里介绍大宗商品的基本情况。

　　大宗商品，百度词条的定义是：大宗商品（Commodities）是指可进入流通领域，但非零售环节，具有商品属性并用于工农业生产与消费使用的大批量买卖的物质商品。在金融投资市场，大宗商品是指同质化、可交易、被广泛作为工业基础原材料的商品，如原油、有色金属、钢铁、农产品、铁矿石、煤炭等。主要分为三个类别，即能源商品、基础原材料和农副产品。

　　和股票债券一样，大宗商品也有自己的交易场所，只要是经济强国，基本上都有自己的大宗商品交易市场。比如，美国纽约商品交易所、英国伦敦国际石油交易所、日本东京工业品交易所等。

　　而目前国内交易大宗商品的主要是期货市场，比如，郑州商品交易所主要交易农产品期货，上海期货交所主要交易贵金属和工业原料期货，大连商品交易所主要交易农产品和工业材料期货，上海能源交易所主要交易原油期货。

　　而对于基金投资者来说，现在可以去投资的大宗商品主要有：黄金、原油、白银、有色金属等。未来随着市场的不断完善，应该还有其他更多的商品基金可以去投资。

　　黄金，曾作为货币使用。后来取消金本位制度，黄金就开始回归商品的属性。在日常消费中，我们平时使用的金首饰，收藏金条是最常见的。除此以外，黄金也可以在金融市场上买卖交易。而影响黄金价格的主要因素还是纸币的供应量，以及世界政坛的稳定性。但是黄金的短期价格是很不确定的，普通投资者很难进行判断。

　　而对于黄金基金。有跟踪伦敦金价格的指数基金，还有跟踪上海黄金交易所价格的指数基金。在基金的介绍页面中，可以看到这只基金是跟踪哪一个交易所的黄金价格指数。比如，前海开源黄金ETF联接（009198）就是跟踪上海黄金交易所的黄金价格，而嘉实黄金（160719）就是跟踪伦敦金价格。

　　再来说说原油，原油的价格主要和经济环境相关。如果世界经济处于复苏阶段，那么大家对于原油的需求就会增加，对应原油的价格也就会上涨。除了这个主要因素外，影响原油价格还有很多其他因素，比如，产油国的生产量等，都会影响原油价格的波动。事实上，我们普通投资者，也是很难预测原油短期价格的。不仅如此，甚至长期价格也不好预测，它不会像股市那样，大概率是长期上涨的。

对于原油基金，也是有跟踪不同指数的。比如嘉实原油（160723）是跟踪WTI原油价格指数。而易方达原油（161129）是跟踪标普高盛原油商品指数。南方原油又是60%的WTI原油价格和40%的BRENT原油价格。而有的基金，虽然名字中有油气，比如，华宝标普油气上游股票（162411），就不是跟踪油价指数的，而是买的生产原油，或者炼油这些油气行业上市公司的股票。在选择这类基金时，也要注意这些细节。

对于大宗商品，普通投资者接触最多的就是黄金和原油。除此之外，还有一些不是很常见的，比如白银期货ETF，这是跟踪白银期货价格走势的指数基金。还有有色金属期货ETF、能源化工期货ETF、豆粕期货ETF等。这些在基金销售软件，搜索关键词"期货"就能查询到。

关于大宗商品基金，我个人不太建议普通投资者去投资。因为大宗商品没有利息收入，它不像房地产有租金的收入、债券有利息收入、股票有分红的收入。投资大宗商品只能赚取价格差的收益。并且，大宗商品的价格波动也非常剧烈，还不一定是长期上涨的。所以，大宗商品比较适合在某些时候进行短期投资。

我们长期投资的资金，还是建议配置在股票基金或者债券基金中。因此，这里不会对大宗商品和大宗商品基金做深入地讲解，只做一个初步的介绍。

四、房地产和房地产基金

说到房地产投资，大家首先想到的应该是买房子。但其实基金也可以投资房地产市场。目前，我国正在推动房地产信托投资基金的发行（也就是REITs基金）。截至2021年12月，国内已经有11只REITs基金，未来还会有更多的REITs基金。

简单来说，REITs基金就是基金公司把我们的钱汇集起来去投资房地产。然后基金持有人可以享受房地产增值和租金的收益。体现在基金上，就是基金的净值增长，还有基金的分红。说得更简单点，就相当于大家集资买房。而集资买房，是没有合同约定不受法律保护的，但是房地产信托投资基金，是受保护的正规金融产品。房地产信托投资基金（REITs），在我国还是新鲜事物，事实上在美国、欧洲，日本等发达国家，早就存在。

同样是房地产市场，其实也是有很多细分。我们平时说的买房，是指住宅用房。也就是我们买了之后，自己住的房子。除此之外还有商用房地产，如酒店、写字楼、门面等；以及基础设施类房地产，如高速公路，铁路等。而房地产信托投资基金，也可以按照这些不同的投资对象进行分类。

目前，国内推出的房地产信托投资基金，不是投资住宅的。目前推出的REITs基金，是投资基础设施类的房地产信托投资基金。这类基金既可以给投资者新增一种资产配置的工具，还能够帮助地方政府盘活固定资产。因为过去这类基础设施房地产（如高速公路、地铁等），大多是地方政府发债进行修建的。

那么，对于我们做基金投资来说，这类基金到底怎么样呢？现在这些基金刚刚推出没多久，目前来看表现还是可以的，多只在场内交易的REITs基金也都出现了溢价。但是从长期来看，我觉得这是不可持续的。因为不同的基金投资不同的项目，可能有的项目基金运营得好可以赚钱，但是有的项目运营不好就赚不到钱，甚至会亏钱。而具体项目怎么样，基金的运营能力怎么样，还需要有更多的数据和资料来做出判断。

我们可以看看其他市场的房地产信托基金的情况，以中国香港特别行政区的房地产信托基金来举例。目前，中国香港最大的房地产信托投资基金是领展房产基金（基金代码00823），可以在雪球这类炒股软件上，找到这只基金的历史走势（见下页图）。这类基金也和股票一样，可以在二级市场上进行买卖交易。

从基金净值的历史走势图可以看到，2008—2019年，该基金的净值一直是上涨的。从10元涨到了近100元，11年的时间涨了10倍。但是如果你在2019年，看这只基金当时的历史业绩表现很好，就买入这只基金，那么很不幸。

这只基金从2019年7月近100元的净值开始，到最低的2020年5月时，跌到了56元，也就是不到一年时间，跌了44%。由此可见，房地产信托基金的波动也是非常巨大的。

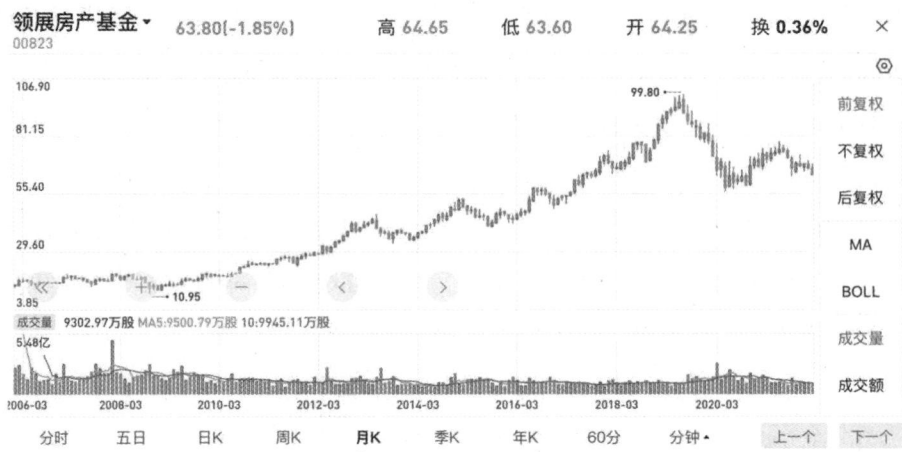

```
领展房产基金 ▼    63.80(-1.85%)        高 64.65      低 63.60      开 64.25      换 0.36%    ×
00823                                                                                        ◎
106.90                                                        99.80
                                                                                          前复权
81.15
                                                                                          不复权
55.40
                                                                                          后复权
29.60
                                                                                          MA
          《《         —  10.95      ‹        ›
3.85                                                                                      BOLL
成交量  9302.97万股 MA5:9500.79万股 10:9945.11万股
5.48亿                                                                                     成交量

                                                                                          成交额
2006-03      2008-03    2010-03    2012-03   2014-03    2016-03   2018-03    2020-03

分时      五日     日K     周K     月K     季K     年K     60分     分钟▲     上一个    下一个
```

房地产信托基金在2019年之前之所以表现好，是因为在那之前，整个房地产市场都表现得很好。但是最近这几年，一直在调控房价，再加上疫情的影响，所以，房地产市场表现并不好。因此，我们投资房产信托投资基金，还要结合房地产市场的情况进行投资。不要只是看历史表现就盲目投资。

除房地产信托投资基金（REITs）外，还有一些基金，也可以算是投资的房地产行业，如投资房地产上市公司股票的基金。例如，中证房地产指数基金，它们的收益也是和房地产市场相关。这类基金也有很多，大家可以在天天基金网，搜索关键词"房地产"或者"地产"就可以看到很多这类的基金。

对于房地产基金，我不建议大家重仓去投资，而比较适合的是配置一部分资金，或者在某些特定的时间再去配置。

主要原因有三点：第一，普通家庭房地产这类资产的配置其实已经很多了（大部分家庭都有买房）；第二，房地产信托投资基金的波动并不小，如果是重仓买入，一旦大跌也是会非常难受的；第三，从长期来看，房地产信托基金的平均收益率，还是没有股票基金的收益高。

所以，我们长期投资的重点，还是应该放在股票型基金上。对于房地产信托投资基金，我们也是做初步介绍，大家了解一下即可。除了股票、债券、大宗商品、房地产外，基金还可以去投资其他的对象，如期货、外汇等。不过这些并不是基金的主要投资对象，这里就不展开讲解了。

第 五 章

债券基金投资实战

一、纯债基金的投资实战

一说到基金，很多朋友就想到去投资收益高、波动大的股票基金。其实，还有一类收益不是那么高，但是波动小，比较稳健的债券基金。而对于我们做投资来说，债券类基金应该是比股票类基金优先配置的。

因为债券基金更加稳健，风险更低，更适合普通大众投资者。我们做投资首先应该考虑不亏钱，然后再考虑怎样赚钱和怎样赚更多钱。首先配置债券基金，就可以降低我们亏钱的概率。债券基金也可以进一步细分为纯债基金、二级债基和可转债基金。这里先给大家分享纯债基金的投资实战。

首先，怎样确定一只基金是纯债基金，还是二级债基，还是可转债基金呢？其实方法很简单，先看基金的名字，凡是基金的名字是××纯债的，那么这就是一只纯债基金。除此之外，最可靠的方法还是去查询基金的持仓信息。纯债基金是没有股票和可转债持仓的，有可转债和股票持仓的都不是纯债基金。

学会了怎么去识别纯债基金之后，还可以对纯债基金进行分类。按照债券的到期时间来对纯债基金进行分类，可以分为短期纯债基金和长期纯债基金。当然，纯债基金也有其他分类方式。而我之所以这样去进行分类，是因为债券的价格会受到市场利率的影响。

那么，市场利率如何影响债券的收益呢？大家记住一句话：市场利率越高，债券的价格也就越低。对于这一点，可能一些朋友不了解。为什么市场利率越高，债券的价格也就越低呢？我们可以这样去思考，假设现在市场利率上涨，那么你是债券投资者，你会选择利率高的新债券呢？还是选择以前利率没那么高的老债券呢？答案很明确，大家都会选择新的债券。那么老债券想要卖出去，也只有降低价格了。反之，如果市场利率降低，债券的价格也就越高。因为新债券的利率低了，那么大家肯定都有意愿去买以前利率更高的老债券，老债券的持有人肯定就会提高债券价格。

把纯债基金分为短期债券基金和长期债券基金，就是为了方便我们去做投资选择。因为短期债券基金受到市场利率的影响比较小，而长期债券基金受到市场利率的影响比较大。在市场利率上涨时，就可以投资短期债券基金，降低市场利率的影响，提高我们的投资收益率。从长期来看，短期纯债基金的收益率还是不如长期纯债基金的收益率高，所以，还是建议选择长期纯债基金进行投资。

这时你可能又有问题了：那么怎样看市场利率呢？可以参考中国的10年期国债收益率，可通过英为财情这个软件查询得到，或者在搜索网站上搜索关键词"中国10年期国债"也可以查看相关数据。10年期国债收益率上涨，债券收益率降低，我们买的长期纯债基金，表现通常不会很好。比如，最近这一年（2020年4月到2021年3月）中国10年期国债收益率从2.5%左右上涨到3.2%左右。而很多纯债基金，收益率都不是很好，一年只有1%~3%的收益。如果在市场利率下跌时，纯债基金的收益可以有6%~8%，甚至更高的收益。

那么，我们应该如何选择纯债基金进行投资呢？纯债基金也可以分为主动管理型基金和指数基金。现在债券类的指数基金规模较小，而且优质的主动管理型债券基金，可以跑赢指数类债券基金，所以直接选择主动管理型的纯债基金即可。

二、二级债基的投资实战

对于债券基金的分类，以前在纯债基金和二级债基之间，还有种一级债基。原本这种债券基金可以参与一级市场的新股申购，但后面监管规定债券基金不能参与一级市场的打新，所以一级债基也就名存实亡。

这里特别说明一下，虽然债券基金不能参与一级市场的打新。但是有的债券基金，也可以通过持有股票，按照股票的份额来参与二级市场的打新。而这样持有股票的债券基金，就是二级债基。

所以，我们选择债券基金，主要看基金有没有持有股票。如果有投资股票，那么就是二级债基金。如果没有，那么就是纯债基金。

二级债基，既可以投资股票，也可以投资债券。这和混合基金比较类似，混合基金也是既可以投资股票，又可以投资债券。那么，怎样区分二级债基和混合基金呢？就是看基金的名字，凡是基金的名字中，有"××混合"的就是混合基金。凡是基金的名字中有"××债"的就属于二级债基。

另外，监管规定债券基金的股票持仓比例，不超过基金资产的20%。而混合基金没有持仓比例的限制，有的混合基金可能90%仓位都是股票，这类混合基金，本质上就是股票基金。而有的混合基金可能90%都是债券，这类混合基金，本质上来说就是二级债券基金。所以，这里所说的二级债基，其实也包含偏债混合基金。

在选择二级债基时，一定要去基金销售软件上，查看基金的股票持仓情况。一般来说，股票持仓比例越高，债券基金的收益率越高，波动也就越大。比如，一只二级债基，有5%的比例是投资的股票，而另外一只二级债基，有15%的比例是投资的股票。那么正常来说，投资15%比例股票的这只二级债基的收益会更高，同时波动也会更大。但是不排除基金管理人优秀，可以做到收益高，波动也小。所以，在选择时，还是要具体基金具体分析。

除此之外，在选择二级债基时，还要看它的可转债投资的比例。因为可转债的波动也比较剧烈，可转债投资的比例越高，债券基金的预期收益率越高，波动也就越大。另外，还有一些债券基金，名字中没有可转债，但是主要投资的却是可转债，这类基金的波动，比传统的二级债基的波动还要大。对于这类二级债基（我把它称为激进型二级债基，而其他的普通二级债基，我把它们称为稳健型二级债基），其实可以归类为可转债基金，对于可转债基金，后面会详细地讲解。这里先给大家分享二级债基的投资方法。

一般来说，二级债券基金的收益率要比纯债基金的收益率高，优秀的二级债基，长期来看可以实现6%~8%甚至更高的收益率。但是因为二级债基有投资部分的股票，所以波动也比纯债基金大。当股票市场表现不好的时候，二级债基也会跟着下跌。它不仅受到债券市场的影响，还会受到股票市场的影响。

但是更多的时候，二级债券基金的表现要好于纯债基金。如果从收益率的角度来考虑，建议配置二级债基。但是考虑资产配置，如果你有投资大量的股票基金，想要分散配置，那么选择纯债基金，才能起到分散投资的效果。因为二级债基有投资股票，与股票市场还是有一些相关性的。

二级债基既投资股票，也投资债券，所以它肯定不会是被动的指数基金，而是属于主动管理型基金。既然是主动管理型基金，那么基金的表现就与基金经理、基金公司的管理能力有着直接关系。在选择二级债基时，依然要使用主动管理型基金的选择方法。

三、可转债基金的投资实战

前面介绍了纯债基金和二级债基的投资实战，下面继续给大家分享可转债基金的投资实操。这里所说的可转债基金，也就是主要投资可转债的基金。

可转债是一种特殊的债券，因为它可以转换成股票，所以它还有股票的特性。可转债和股票市场有很强的相关性，当股票市场大涨时，可转债也会跟着上涨。而当股票市场大跌时，可转债也会跟着下跌。但是可转债比股票好的地方在于，可转债跌到一定的程度，可能就不会跌了。因为可转债本质还是债券，只要发行可转债的上市公司不违约，那么，可转债投资人可以收获本金和利息。

所以，可转债本身是一个非常不错的投资工具，当市场行情好的时候，可获得非常好的收益，而当市场行情不好的时候，又有一个"保底"的收益。但是，可转债实行的T+0交易制度，且没有涨跌幅限制。因此，可转债短期的价格波动，可能比股票还要剧烈。所以，如果我们直接去投资可转债，风险还是不小的。而如果对于可转债不够了解，但又想要去投资可转债，那么，可转债基金就是一个非常不错的选择。

那么，如何选择可转债基金呢？目前市面主要的可转债基金都是主动管理型的。所以，还是要用主动管理型基金的选择方式去选择历史表现优秀，管理团队稳定的可转债基金进行投资。

另外，需要注意可转债的投资比例问题，因为不同的可转债基金，股票和债券的比例不同。一般来说，股票比例越高，波动就会越大。但是考虑到可转债的波动也不小，所以，基金的表现情况关键还是看基金管理人的投资能力。所以，除了历史业绩之外，还是要结合波动率、最大回撤率等指标来选择可转债基金。

那么，怎样找到可转基金呢？具体方法如下：在基金销售平台上搜索关键词"可转债"即可找到可转债基金。除了基金的名字中有明确写明投资可转债的可转债基金，还有一些基金，虽然名字中没有可转债，但主要投资的也是可转债。对于这类基金，要把它们归类为可转债基金，比如易方达双债增强债券A（110035）。查看2020年4季度的基金持仓情况发现，这只基金有至少50%以上的比例投资的是可转债。对于这样的基金，即便基金的名字中没有可转债，但是从本质上来说，这也是一只可转债基金。

需要注意的是，在选择债券基金时，不要只看基金的名字，而是要看基金投资情况，要去看这只基金的股票、债券和可转债的投资比例。通常来说，股票的比例越高，债券基金的收益越高，波动也就越大，风险也就越大。可转债投资的比例越高，债券基金的收益率也就越高，同样的波动和风险也就越大。

总的来说，可转债基金与股票债券比例50∶50的混合基金的风险波动情况比较类似。其实可以把可转债基金，类似地看作平衡型混合基金。因此，我们投资可转债基金，不要觉得是债券基金，就忘记了它的波动性和风险性。整体来说，可转债基金的波动和回撤，要比普通的债券基金大很多。

可能有的朋友会说，可转债基金和混合基金差不多，那我就买混合基金，为什么还要买可转债基金呢？由于可转债的独特之处，优秀的可转债基金的历史表现并不比一些混合基金差，且回撤往往比很多的混合基金要小。所以，可转债基金也有自己的独特之处。我一般会选择在整体市场不确定的时候，或者可转债市场整体低估的时候，配置一些可转债基金。

最近这两年，可转债投资市场比较火爆。有很多人，参与可转债市场的打新赚到了钱，于是对可转债投资产生了兴趣，开始自己去投资可转债。可可转债毕竟还是一个比较小众的投资工具，参与的人多了，可转债市场也就火爆起来。所以，我们在投资可转债基金时，可以参考可转债市场的火爆程度这个指标。具体方法如下：去集思录网站，打开可转债全表。把可转债价格从低到高排列，然后看看价格在100元以下的可转债有多少。如果只有几只可转债价格在100元以下，说明可转债市场比较火爆。如果大量的可转债价格均在100元以下，说明可转债市场比较冷淡。而在可转债市场比较冷淡时，投资可转债基金也是不错的选择。

四、选择债券基金的注意事项

我们配置债券基金主要有两个目的，一个目的是做中短期闲置资金安排；另一个目的是对冲股票市场的波动。在实际投资过程中，有的人却发现，自己买的债券基金，股市上涨时，跟着上涨，股市下跌时，跟着下跌，好像并没有起到对冲股市波动的作用。

那么，这到底是怎么回事呢？为什么这些朋友买的债券基金，不能对冲股市的波动呢？原因是他们选择债券基金的问题。前面介绍了债券基金的分类，其中二级债基可以投资股票。只是股票持仓的比例，不会超过20%。如果债券基金的投资风格非常激进，用这20%的股票仓位去投资一些波动很大的股票。那么，对应的债券基金的波动会比较剧烈，也会跟着股票市场上下波动。

更何况，有的债券基金不仅有20%的股票持仓，还同时持有很大比例的可转债。可转债和股票市场有着很强的相关性。对于这样既投资大量可转债，又投资股票的债券基金，它的波动、风险应该和混合基金是相当的。这样的债券基金，肯定和股票市场有着很强的相关性，也就不能对冲股票市场的波动。

那么，问题又出现了，为什么有的投资人会选择这样的债券基金呢？我估计他们应该是根据基金的历史收益率来选择的，选择最近几年收益率高的债券基金进行投资。而这类债券基金之所以会有这么高的收益，是因为有投资股票和大量的可转债。而投资了股票和大量可转债的债券基金，与股票市场有着很强的相关性，肯定不能对冲股票市场的波动。

　　如果我们投资债券基金的目的是对冲股市波动的风险。那么，在选择债券基金时，就不能只看债券基金的历史收益率来选择，而是要刻意地避免选择这类高收益的债券基金，去选择纯债基金或者投资风格比较稳健的二级债基。通常来说，这两类债券基金的收益率没有这些激进的债券基金收益高。

　　如果是纯债基金，年化收益率能到5%左右就非常优秀了。如果是稳健型的二级债基，收益率能有8%也是非常不错的。虽然收益不高，但是这类基金的回撤却比较小，一般来说，跌2%~3%都是很大的回撤了。而像激进型的二级债基，一年的收益率可达到30%甚至更高。但是一年也可能亏损10%以上，甚至更多。

　　我们都想要追求高收益，大家追求高收益也是没有错的，只是大家想要高收益，完全可以用股票基金来实现。如果你已经配置了很多的股票基金，然后又想要通过债券基金来对冲波动。那么，就不要再去选择这类波动很大的激进型债券基金。

　　当然也不是说这类激进的债券基金不能买。如果你本来没有配置多少的股票基金，然后投资风格也比较稳健，这类激进的债券基金也可以配置一些。只是你要知道，它们的收益率和波动，其实就相当于混合基金，不要把它们当作是普通的纯债基金。

　　如何区别这类激进型的债券基金，其实也很简单。首先看历史收益率，如果收益率超过20%，那么说明这只债券基金比较激进。其次是看股票持仓比例，股票持仓比例越高，债券基金也就越激进。最后看可转债持仓比例，可转债持仓比例越高，债券基金也就越激进。

　　所以，我们选择债券基金，不能只看收益率。还要结合自己的投资目标来选择适合的债券基金进行投资。

五、一种特殊的债券基金

　　看到这个标题，你可能会有这样的疑问：债券基金就是债券基金，怎么还有一种特殊的债券基金？其实这是我个人的分类，在标准的基金分类中，应该把这类基金划分为货币基金。但是货币基金的内容又不是很多，不可能单独拿出来一个章节讲解。然而市场有时候会出现极端情况，比如，"股债双杀"（股市和债市同时下跌）的情况，这时配置货币基金还是很有必要的。所以，关于货币基金的实战运用，还是有必要和大家分享。

货币基金，即主要投资货币市场的基金。它的可投资对象有：现金、期限在一年以内的银行存款、债券回购、中央银行票据、同业存单、期限在397天以内的债券、非金融企业债务融资工具、资产支持证券、中国证监会、中国人民银行认可具有良好流动性的货币市场工具。

由此可见，货币基金也可以投资债券，并且有的货币基金的债券投资比例还不低，我就看到一些货币基金有超过50%的比例，都是投资的债券。所以，我才把货币基金归类为一种特殊的债券基金。

与普通的债券基金相比，货币基金所投资对象的流动性都很强。货币基金的最大优势就是流动性好，可以快速提现。赎回债券基金或者股票基金，通常需要3~5个工作日，资金才能到账。但是货币基金通常第二天就能够到账。并且有的货币基金还有快速到账的功能，在一定的金额之下（目前是1万元），可以做到实时到账。

在做家庭理财规划时，建议预留3~6个月的日常生活开支，这笔钱作为灵活资金来应对日常生活开支和可能会出现收入中断的情况。而这笔资金随时都可能需要使用，对于这笔资金，就可以用来投资到货币基金中。

货币基金除了可以用来管理我们的灵活资金外，在某些特殊的时间段，是很有配置必要的。比如，在股票和债券市场同时下跌时（股债双杀），还有出现重大金融危机时，虽然这样的情况比较少见。甚至在极端的情况下，货币基金也有可能出现亏损。只是出现这样的极端情况还是极为少见的，至少到目前为止，国内的货币基金还没有出现过亏损。

就我自己做投资而言，我都会留有一部分的补仓资金。这些资金可能随时都要用来补仓。而这部分资金就是放在货币基金中。而且，现在很多的投资软件，都提供这样的一个货币基金工具。有的平台叫现金宝，有的平台叫活期宝，名字各不相同,但本质是一样的,都是对接的货币基金。然后在某些特定的投资平台上,对应的货币基金工具中的资金,随时可以用来进行投资。

在看不准市场行情时,或者觉得风险比较大的时候,可以先把资金配置到这类的货币基金工具中,耐心等待机会。货币基金也是有一些收益的(目前来看是2%左右),虽然不如股票基金和债券基金高,但是至少比银行的活期利息高。在市场不确定时,我们随便乱投资可能会亏钱,而放在货币基金中,还有一些收益。这也是货币基金在实战投资中的一个运用方法。

至于怎么去选择货币基金,大家就不用花时间和心思了。一般来说,货币基金的收益率相差不会特别大。我们选择货币基金,主要看使用便捷程度。参考两点:第一,是否能快速提现?第二,是否能直接用来购买其他的基金?然后在此基础上,当然收益率越高越好。

六、债券基金投资总结

前面分别给大家分享了纯债基金、二级债基和可转债基金的投资实战。下面介绍整个债券基金的总体投资思路和策略。

相比较股票基金而言,债券基金的收益要低很多,但是优势在于稳定,除了激进的二级债基和可转债基金外,其他的债券基金,波动相对都比较小。一些优秀的债券基金,能够持续多年获得正收益。而且即便回撤,也通常不会超过5%。这和股票基金动辄几十个点的下跌幅度比起来,真的算是波动很小了。

很多人对于基金其实是存在误解的,认为只有股票基金,还有一些人把基金当作股票,频繁买卖追涨杀跌。但其实基金可以很稳定、低风险,而债券基金,就是这样的工具。或许有的朋友不知道,其实大家平时觉得很安全的银行理财产品,它们的最终投资对象,基本上也都是债券。所以,从本质上来说,债券基金和银行理财的风险差不多(这里所说的债券基金,是指纯债基金)。所以,债券基金非常适合风险承受能力低一些的朋友进行投资。

除此之外，对于风险承受能力高的朋友，可以配置债券基金。因为债券基金的低波动性（和股票基金比较），配置债券基金可降低整个投资组合的波动性。特别是在股票市场大火，人人都去买股票的大牛市，这时可以逐步降低股票基金的比例，多配置一些债券基金。这样，当市场下跌时，才能保护好自己的盈利和本金。

就我自己而言，无论是牛市还是熊市，我一直都留有部分的债券基金持仓。债券基金是我投资的压舱石。当市场出现极端情况时，可以逐步卖出债券基金进行补仓。当我急需用钱时，也可以卖出债券基金。所以，大家做基金投资，首先要做好债券基金的配置，然后再来考虑股票基金的投资。同样，本书也是按照这样的逻辑，给大家展开讲解的。

当然，债券基金也是有缺点的，从长期来看，收益不高。如果长期不用的资金，比如3年以上不用的，那么还是建议配置股票基金，收益会更好一些。债券基金比较适合中短期的资金，通常建议1~3年以内可能要使用的资金才配置债券基金。

当然，债券基金也不是稳赚不赔的，它也是有风险的，债券基金投资的风险主要有以下两点：

一是利率的波动。债券的价格和市场利率呈负相关。当市场利率上涨时，债券的价格就会下跌，对应的债券基金的净值也会出现回撤。所以，投资债券基金，也要关注市场利率，最好是在市场利率处于高位，开始下降时买入。虽然这不容易做到，但是我们也要知道。

二是债券基金的风险来自"踩雷"。也就是债券基金，投资的债券还不了本金和利息，那么，这笔钱就会直接亏掉。曾经有多只债券基金，因为"踩雷"导致债券基金净值大跌。不过这通常只发生在一些规模比较小的"迷你"债券基金上。所以，在选择债券基金时，不要选择规模太小的债券基金，建议规模低于5亿元的债券基金就不要考虑了。

总的来说，债券基金因为安全、波动小，且收益稳定，是我们做家庭投资必不可少的一种工具。即便是风险承受能力较低，不愿意投资股票基金的朋友，也可以选择债券基金进行配置。通常来说，长期持有优质的债券基金，收益比银行理财要高一些。我特意把债券基金,放在股票基金的前面进行介绍,因为我觉得,我们应该先配置好债券基金,再去投资股票基金。

对于债券基金,我们主要选择主动管理型债券基金进行投资。那么,选择债券基金的方法就要参考主动管理型基金的方法。具体选择技巧,参考主动管理型基金投资实战章节内容。

选择出债券基金,接下来就是怎样去投资的问题。除了激进型二级债基和可转债基金外,货币基金、纯债基金和稳健型二级债基,选择好了之后,都是可以大资金单笔投资的,不需要进行定投。因为这类基金的波动小,定投的意义不大,反而是单笔投资,持有时间更久,收益会更高一些。所以,纯债基金和稳健的二级债基直接单笔买入即可。而激进型二级债基和可转债基金,由于波动比较剧烈,可采用定投或者大额分批买入的方式进行投资。具体的买卖实战方法,可以参考基金的买卖操作技巧章节的内容。

第六章

股票基金投资实战

一、股票的基础知识

本章开始要给大家分享股票基金的投资知识。股票基金是帮助我们获得高收益的投资工具，想要让自己的财富增值跑赢通货膨胀率，就需要借助这个工具。股票基金还可以进一步细分为股票指数基金和股票主动管理型基金。股票基金这个板块的内容非常多，在后面的章节中，还会继续给大家讲解。股票基金的投资，是本书的重点内容。

股票基金，就是主要投资股票的基金（基金资产的80%以上用于投资股票）。我们想要做好股票基金的投资，就需要对股票的基础知识有所了解。所以，在这里首先给大家分享有关股票的基础知识。

"股票"可以把它拆开理解，"股"是股东的意思，代表我们是上市公司的股东。"票"是票据的意思，最开始的时候，股票是有纸质票据的。随着科技的进步，慢慢无纸化、电子化了。所以，我们现在所看到的股票，只是屏幕上显示的数字。

股票的产生，其实和公司的结构也有关系。不是所有的公司都有股票，比如有的公司，是个人独资的，就不需要其他股东。而股份制公司，有多位股东，就需要采用股票的方式，作为股东对于公司所有权的凭证。

对于股票的基本概念，我相信很多人都能够理解。实在不理解的朋友，可以想象一下和朋友合作开公司。那么合伙人就是公司的股东，这就是最原始的状态。而当公司发展到一定程度，就可以申请上市。企业上市后，就可以在股票市场上，去买卖公司的股票。

在同一个交易所，还会分为不同的板块，比如上海证券交易所，就有主板市场和科创板，深圳证券交易所也有主板市场和创业板。不同的板块，上市条件、开户条件、交易方式都有一些不同。在配置对应板块基金时，要注意不同板块的基金，在买卖规则上有可能会有不同。

二、股票市场的周期

"周期"这个词，相信大家都听说过。事实上，很多事物都是有周期的，比如一年有四季，不断循环，这就是周期。每天太阳都是东边升起，西边降落，这也是周期。在股票市场上，同样也是有这样的周期。

为了弄清楚股票市场的周期，我们需要查看股市的历史数据。下面以上证指数为例来给大家进行讲解，上证指数的历史走势见下图。

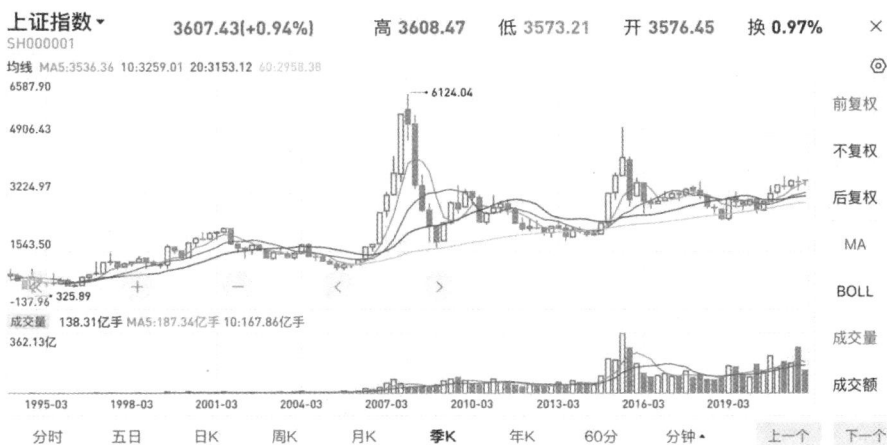

由上图可以发现两点，首先，上证指数整体上是缓慢向上增长的。这是因为国内的经济在不断增长。现阶段我们做投资，其实算是赶上了好时机。虽然偶尔还是会有一些突发情况，但是在全球经济环境比较稳定的大环境下，我国抓住了机遇，大力发展经济。经济增长了，对应的股票市场，也是缓慢向上增长的。

其次，股票市场是有波动、有周期的，最明显的就是2007年和2015年，这两次的大牛市和后面的大熊市。先看2007年那一次牛市，上证指数从2005年的1 000点左右，一路上涨，最后上涨到6 100多点。再然后就是一路下跌，到2008年底，跌到了1 600多点。2015年那波牛市也是如此，上证指数从2014年的1 800多点，一路上涨，到最高的时候，涨到了5 100多点。然后又是一路下跌，到2016年跌到了2 600多点。

当然，这两次是比较大的波动和周期，如果把时间放短一些，股票市场还会有很多的小波动。从2018年到2021年的走势来看。上证指数2018年先是一路下跌，最低的时候，跌到了2 400多点，然后开始上涨，涨到了3 200多点，然后又开始下跌，在2 600多点到3 200多点反复震荡。到2020年7月，才突破3 200点，再一路上涨，到2021年2月涨到了3 700多点（见下图）。

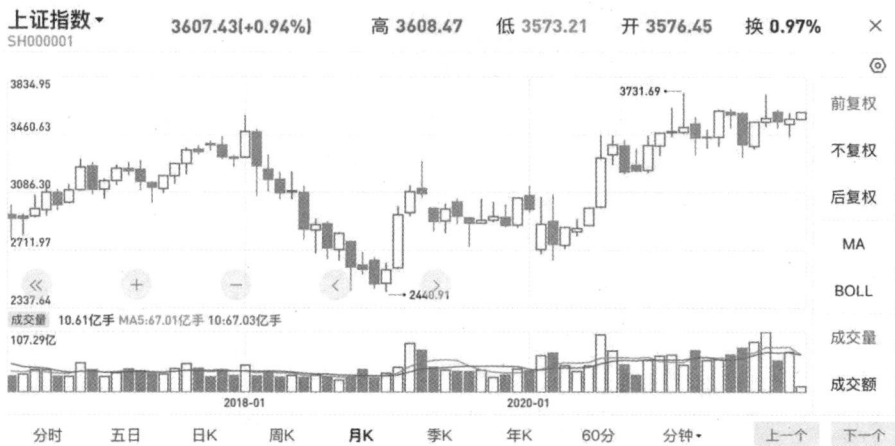

从这些波动中还发现一个规律，那就是每一次的最低点，都比上一次高。这也再次印证了第一点，股票市场从长期来看是缓慢向上增长的。而对于股票波动，可以用古人的智慧来解读，那就是否极泰来，盛极而衰。这样的周期，一直在股票市场反复上演。

为什么股票市场会有波动和周期呢？这是因为有人的参与。人们总是会受到各种因素和信息的影响，放大内心的恐惧和贪婪，最后也都表现在股票市场当中。在牛市的时候，大家疯狂地买入，把股票市场推到很高的位置。而在熊市的时候，大家又疯狂地卖出，导致市场跌到很低的位置。人性中的贪婪和恐惧都没有变过，所以，投资市场的波动和周期，也是会一直存在的。

我们做股票基金的投资，对于小的股票市场波动，可以不用去在意。但是，对于2007年和2015年那样的大波动和周期，我们需要有自己的判断。在大牛市中，我们要逐步地降低股票仓位落袋为安，防止后面大跌，造成大量的亏损。而在大熊市中，我们要敢于买买买，敢于重仓股票基金，耐心等待后面牛市的到来。而其他大部分时间，可能就是在横盘震荡，这个时候，我们可以慢慢定投，等待时机。

这个时候，关键问题就出现了，怎么去判断市场是牛市还是熊市呢？后面的内容会给大家讲解。这里我们了解股票市场的周期和波动就可以了。

三、如何判断股票市场的周期

前面我讲到股市是有周期的，但是只知道周期，如果不能判断周期和所处的市场位置，也不能做好投资。下面讲解如何判断股票市场的周期和所处的位置。

在做出判断前，首先要了解一个完整的股市周期都有哪些阶段？还是以上证指数为例来进行讲解。国内的股票市场，经历了两波大的牛市：一次是2007年，另一次是2015年，2015年牛市周期的走势见下图。

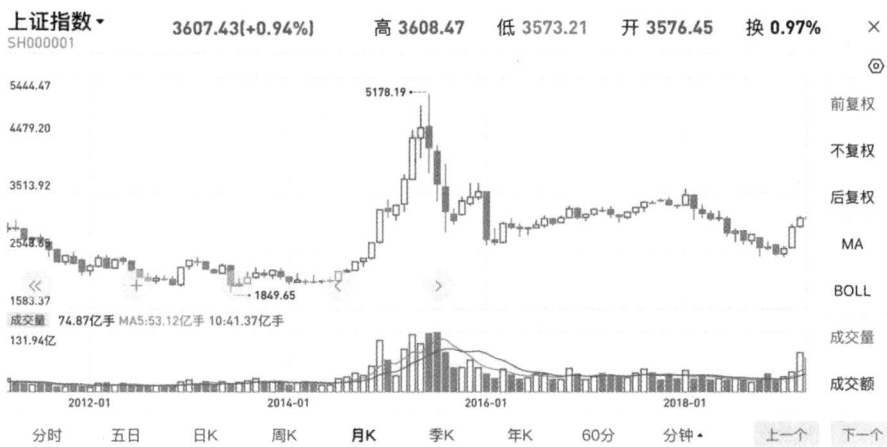

从上图可以看到，从2013年到2014年的上半年，股市一直在低位震荡。这是股市中最常见的情况：震荡。大部分时间，都是在反复震荡。从2007年的牛市到2014年，中间间隔7年时间。这7年的震荡时间，其实就是在为后面的牛市做积累。通常在低位震荡时，市场没有太多的人气。我们看成交量也知道，在低位震荡时，成交量很低。但这时是最好的投资时间（当然，震荡其实也可以看作一个又一个的小周期。我们先把大周期弄清楚，小周期也就明白了）。

从2014年的下半年开始，股市就开始上涨了。这时，市场的成交量开始慢慢放大。关注股票市场的人也越来越多。但是大多数人还是怀疑，不知道会不会再次下跌。到2015年1月，市场出现了一波回调，成交量也再次下降。从2014年下半年到2015年初，可以看作是牛市的第一阶段。

经过2015年初的调整，市场又开始了第二次上涨，从2月开始，一直涨到4月。大盘也从3 000多点涨到了4 000多点（见下图）。市场的成交量也再次放大，关注和参与股票市场的人也更多了，大家已经形成牛市的共识，这算是牛市的第二阶段。

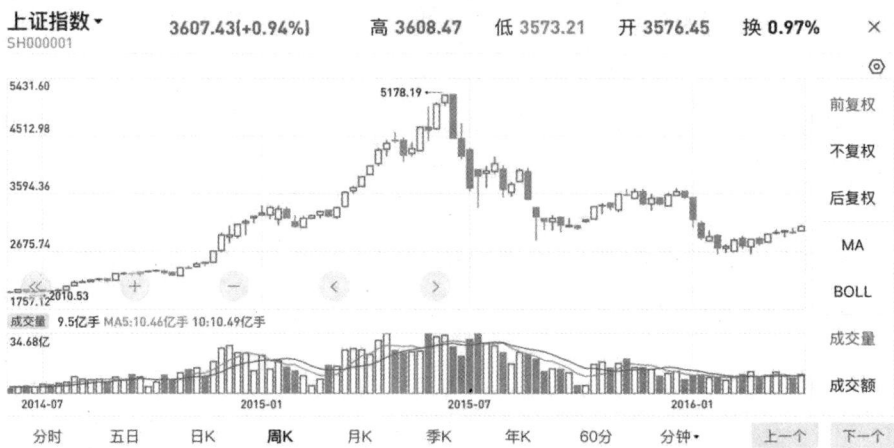

在4月底和5月初，市场经历了2周的回调，又继续上涨。这次直接从4 000多点涨到了5 000多点。到现在我还非常清楚地记得，那时很多人的想法就是，市场还会继续上涨。再怎么差，也应该超过2007年的6 000多点。所以，大量的投资人入市交易，成交量继续放大。市场进入疯狂阶段，这是牛市的第三阶段。

在市场最疯狂时，往往也是最危险的时候（这时，也是我们应该离开的时候）。当大家都觉得还会继续上涨时，牛市往往就会戛然而止。于是，从2015年6月中旬过后，市场就开始快速下跌。半个多月的时间，从5 000多点直接跌到3 000多点。然后开始反弹，最高的时候回到了4 000多点。这是熊市的第一阶段，极速下跌。这时，其实很多人还是有牛市幻想的，觉得极速下跌后，后面会继续上涨，再次创出新高。

但市场却不是这样，2015年7~8月，市场在3 000多点到4 000多点的区间内震荡了一个月左右，开始第二波下跌。从4 000点左右跌到了2 800多点。这时，很多人已经意识到，牛市结束了，已经开始进入熊市。这是熊市的第二阶段。

事情还没有结束，慢慢地市场又开始反弹，但是反弹高度只有3 500多点，感觉市场要再次给人希望。但是很快又开始下跌了，从3 500点左右连跌一个月，跌到了2 600点左右。这时，大家彻底对股市绝望了，这是熊市的第三阶段。最后，市场又开始低位震荡，为下一次的牛市积累力量。

看完一次完整的牛熊周期总结一下。可以把市场分为：低位震荡阶段（这个时间是最久的，可能是几年的时间），牛市第一阶段，牛市第二阶段，牛市第三阶段，熊市第一阶段，熊市第二阶段，熊市第三阶段七个阶段。

我们想要做好股票基金投资，就需要大概判断现在所处的阶段。在不同的阶段，选择不同的投资方法。比如牛市顶端，大家都冲进市场准备投资的时候。很明显，应该就是我们离开止盈的时候。而在大家都觉得市场结束了，不会再涨的时候。反而是我们应该增加投资的时候。那么应该怎样判断呢？

其实有很多指标，都可以协助我们来判断。我用得最多的就是两个核心指标。第一个指标是整体市场的估值情况。这个估值，我不是看上证指数，而是看沪深300指数。因为这个指数涵盖了国内市场中，市值最大、流动性最好的300只上市公司的股票。用这个指数来代替上证指数，会更加准确一些（另外，还可以参考中证500指数的估值来做辅助判断）。如果沪深300指数处于高估区域，那么说明整体市场的估值就高估很多了（牛市阶段），这时就应该降低股票类的投资，慢慢止盈离场。如果沪深300指数处于低估区域，那么说明整个市场是低估的（熊市阶段），这时我们可以增加投资。怎样判断指数的高估和低估，将在指数基金投资章节进行详细讲解。

第二个指标是市场情绪。可以从成交量，还有股票账户新开户数、新基金募集情况、理财类文章的阅读量，"理财投资"这些关键词的搜索量，还有从身边人对投资的态度来感受。我们会发现，每一次牛市，市场的成交量都会放大。而每一次熊市，市场的成交量都会降低。牛市的时候，开户炒股的人会增多。熊市的时候，新开股票账户数会降低。牛市的时候，新基金募集十分火爆，经常会出现"日光基"的情况，甚至很多的基金还会出现配售需要抢购。而熊市的时候，很多基金都募集不满，甚至有的基金还会募集失败。

我在网络上写理财科普文章，明显地感受到，在市场行情好的时候，文章的阅读量呈增长趋势。而市场行情不好的时候，文章的浏览量呈下降趋势。"理财投资"这些关键词的搜索量，也是同样的道理。大家可以参考百度指数，牛市的时候，搜索量也呈上升趋势。熊市的时候，搜索量呈下降趋势。最后是我们身边的人，当我们发现身边那些平时对理财投资不感兴趣的人，也都开始关注股市和投资时，说明市场比较火爆。而没有人谈论股市和投资时，往往就是熊市。

影响股市的因素其实有很多，大家有没有想过我为什么选择市场情绪这个指标呢？这是因为，虽然影响市场的因素有很多，但最后各种因素都是要落实到人的身上。投资者在市场中，其实就已经接触到各种信息，而各种信息最后综合在投资者的身上，反映出来的指标，就是市场情绪。所以，可以把很多的指标简化，用估值和市场情绪这两个核心指标来判断市场所处的位置。我自己做投资这些年，就用这两个核心指标，成功判断出2018—2019年的低位区域（熊市阶段），和2021年初大盘蓝筹股的市场高位区域（牛市阶段）。

通过股票市场的整体估值情况和市场情绪，能够大概判断出市场的周期和所处的阶段。虽然我们把一个周期详细地分为7个阶段，但是做基金投资，不用去把每个阶段都找出来，只需确定市场周期是处于牛市阶段还是熊市阶段即可。在市场估值被高估，同时市场情绪高涨时，就是牛市阶段，也就是市场高位。在市场估值被低估，同时市场情绪低迷时，就是熊市阶段，也就是市场低位。我们需要做的就是在市场低位不断地买入，在市场高位再卖出。

那么，具体哪个时候最低，哪个时候最高呢？对不起，这是我们无法判断的。人性的贪婪和恐惧是没有办法量化的，在牛市疯狂时，我们以为是最高点了，但是市场有可能还会上涨，因为人性的贪婪会不断地推高股价。在熊市最低迷时，我们以为已经是跌到最低了，但是市场还有可能会跌，因为人性的恐惧会不断地压低股价。所以，我们都不能准确地判断出市场的最高点和最低点。事实上，在投资的世界里，也没有人能够准确地判断出市场的最高点和最低点。

所以，我们要放弃去找出市场最高点和最低点的想法。能够判断出的是市场的低位区域和市场的高位区域。也就是找出"熊市阶段"和"牛市阶段",就已经够我们做基金投资使用了。具体怎么使用,将在基金的买卖操作章节中为大家做详细讲解。

四、如何查看市场情绪的指标

前面介绍过可以根据成交量、股票账户新增开户数、新基金募集情况、百度搜索指标、理财文章阅读量等数据判断市场情绪是火热还是低迷,下面进行具体讲解。

1. 成交量

成交量是指股票市场交易的成交量。每天上海证券交易所和深圳证券交易所都会实时更新,在股票交易软件上都可以查看。比如,上海证券交易所的总成交量,看上证指数即可。深圳证券交易所的总成交量,看深圳成指的交易量即可。下面以雪球软件为例。打开上证指数的页面,选择日K线图,随便选择一天,比如2021年12月3日,即可看到当天的成交额为4 935.66亿元,见下图。

查询深圳成指也是如此。另外,在新闻中经常听:两市成交量突破1万亿元。也就是说,上证指数和深圳成指这两个指数的成交额加起来,突破了1万亿元。一般来说,成交量越大,说明市场越活跃,市场情绪也就越高涨。那么,到底成交量达到多少才算是市场比较火热呢? 根据2021年的情况来看,两市成交量突破1万亿元,就算是市场比较火热了。不过,这个指标会随着市场变化而变化,未来随着入市资金增加,标准也会发生变化。

2. 新增开户数

股票市场越好,就会有越多的人去新开股票账户进行投资。所以,新增开户数也是一个可以判断市场情绪的指标。那么,这个指标如何查询呢?登录中国证券登记结算有限公司官方网站,在首页上即可看到,每月市场概况,新增投资者板块(见下图)。

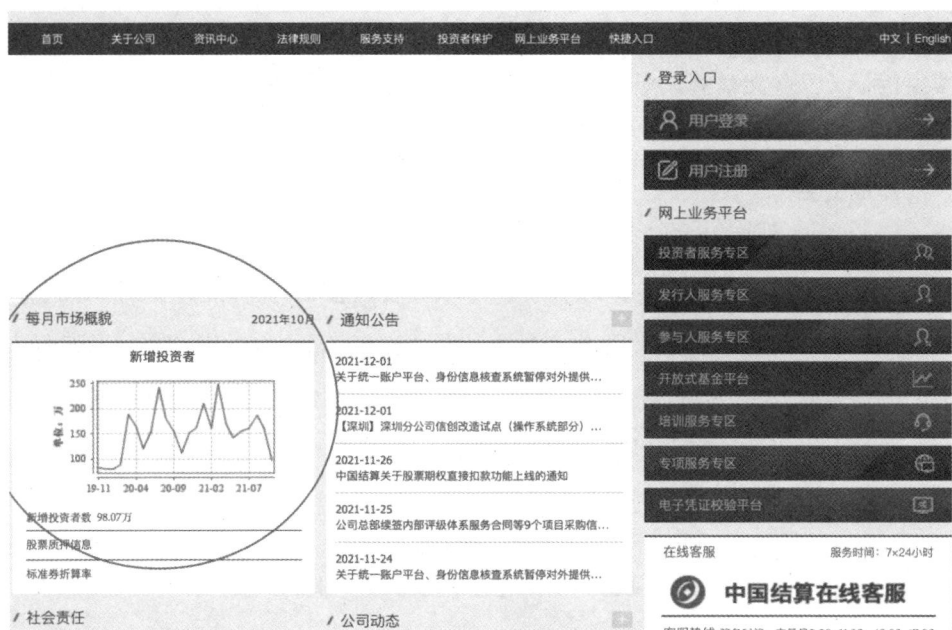

点击进入,就能看到上个月的新增开户数。比如,2021年12月初查看,可以看到的是2021年10月的数据。当然,也可以进行选择,可以查看更多的历史数据。根据历史数据,每月的新增数突破200万户,说明市场比较火热。而新增数低于100万户,说明市场情绪比较低迷。但是这个指标相对来说有点儿滞后,不能及时查询,只能看到上月的数据。

3. 百度搜索指数

市场火热时,会有很多人去网上搜索一些关键词,比如,股票、基金。也可以通过查看这些关键词的搜索量来判断市场情绪。

比如，百度网站有一个百度指数。进入百度指数页面，搜索关键词"股票"即可看到过去各个时间段，"股票"关键词的搜索量（见下图）。我们会发现在2015年，股票的搜索量非常高。回看当时的股市表现，正是处于牛市阶段。这也说明关键词的搜索量越大，市场越火热。

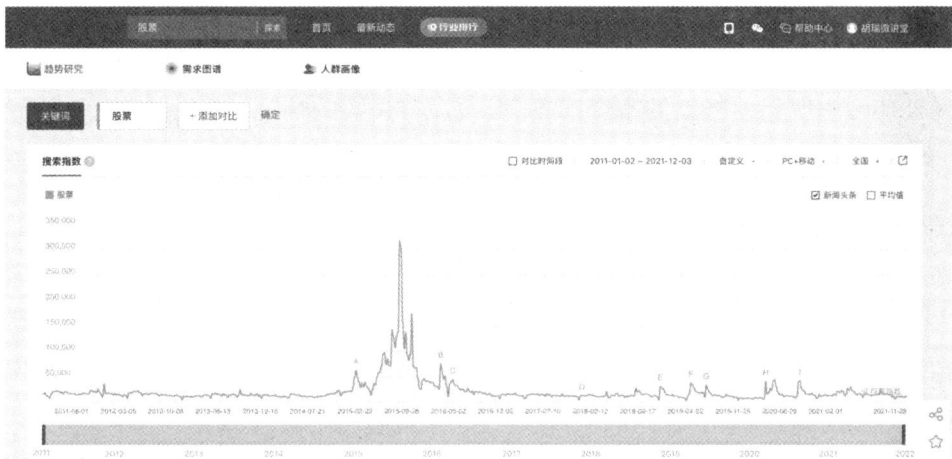

同样也可以搜索关键词"基金"，我们会发现，最近这两年（2020—2021年），基金的搜索量较高。相较股票搜索量变化而言，这两年基金的搜索量变化要大一些。这也是最近市场的变化，现在很多年轻人，都不是直接炒股，而是通过基金间接参与股市投资。股票、基金的搜索量越高，说明投资市场越火热。

4. 理财文章的阅读量

我们做理财投资，应该都会关注一些自媒体账号或者博客。如果平时关注的多个理财投资类自媒体文章的阅读量普遍都会增加了，说明最近市场情绪比较火热。

除此之外，还可以多留意身边人的变化。比如，身边朋友平时不怎么关心理财投资的，突然多位朋友都开始关注并且讨论理财投资了。还有身边朋友都在说自己投资股票、基金赚钱了，那么这些表现也都是市场情绪比较火热的时候。

5. 新基金募集情况

在市场情绪火热时，新基金的发行会非常顺利，会出现很多的"日光基"，也就是发行首日就募集完成。甚至有的基金还会出现比例配售的情况，也就是由于买入的人很多，资金量太大，但是基金募集的规模是有限制的。所以会按照一定的比例进行配售，假设一只基金募集50亿元资金，但是现在有100亿元的资金认购了该基金，那么只有按照50%的比例来配售，这时投资人如果买了10万元的基金，那么只能成功买到5万元的基金，剩下的5万元会退还给我们，这就是基金的比例配置。但是出现这样的情况往往说明市场比较火爆，我们应该警惕市场上存在的风险。

相反，在市场行情比较冷淡时，新发基金不但不会出现比例配售的情况，甚至还会出现因为募集的资金不够，导致发行失败的情况。这些信息可以关注《中国基金报》《中国证券报》《证券时报》等官方媒体平台，它们会发布新基金募集情况这类消息。

6. 基金论坛网友评论

每当市场行情好转，基民开始赚钱，在基金论坛的评论中，往往都是一片祥和景象，大家都会去赞美夸奖基金经理。这时市场情绪比较高涨，是我们应该保持警觉的时候，大家的好评越多，越应该注意风险。相反，当基民亏钱时，那么基金的评论区往往是很难看的。这时就说明市场情绪比较低迷。总的来说，网友的评论是一个反向指标。

五、如何查询基金投资股票的信息

虽然我们买股票基金，不用去细致地研究基金所投资的每一只股票。但我们还是要学会去看基金投资了哪些股票，这些股票背后的公司都是干什么的。下面介绍怎样查看基金持有股票的情况，以及股票的走势图。

对于基金都买了哪些股票，可以在基金的介绍页面，查询基金的十大股票持仓。需要注意的是，基金所公布出来的股票持仓情况，已经是过去式了，并不一定是现在基金的实际持仓。

知道了基金的十大持仓后，即可去股票信息查询软件，如雪球、同花顺、大智慧等，搜索上市公司的名字。然后，就可以看到这家上市公司的各种信息和股票的历史走势情况。

对于股票（上市公司）的基本信息，主要看以下这些指标：首先，就是看这家公司是做什么行业的，是消费行业，还是医药行业，抑或是科技行业？在股票的详细资料页面就可以看到。对于那些耳熟能详的公司，如贵州茅台、五粮液、泸州老窖，我们不用看就知道它是白酒企业，属于食品饮料消费行业。

其次，要看市盈率。市盈率是我们判断公司估值高低的一个常用指标。这个指标越低越好，注意不同的行业公司的市盈率是有一些差别的。比如，高科技行业的股票市盈率，普遍要比银行业股票的市盈率高。

最后，要看公司的总市值。通过这个指标可以判断公司是大盘股还是中小盘股。现在对于市值多少是大盘股，市值多少是小盘股没有一个统一的标准。通常总市值上百亿、千亿的公司，肯定属于大盘股。只有几十亿，甚至更小市值的公司，属于小盘股，或者入选沪深300指数的属于大盘股，其余的都属于中小盘股。

其他的指标，如净资产收益率，这个指标越高越好。还有营业收入、净利润等各种数据，可以在公司的资料页面查询到。这些数据也是越高越好，最好还要持续增长。

当然我们不是直接投资股票，所以不用去详细地分析每只股票的投资价值。事实上以普通投资者的知识储备，以及所掌握的基础信息来做分析，更多的只是盲人摸象。所以分析上市公司的投资价值，还是交给基金经理去完成。我们只需知道，这家公司是什么行业，现在的估值大概处于什么水平，这是一只大盘股还是小盘股即可。

通过看基金的十大股票持仓，看这些公司股票的基本情况，还可以判断出这只基金的投资风格（主动管理型基金才考虑投资风格，指数基金不用考虑投资风格）。这里先掌握怎样查询股票的基础信息即可。

另外，还有很多朋友看不懂股票价格的走势图。我们现在所看到的记录股票价格走势的图叫作K线图。

　　K线图，最早的时候是用来记录米价的。后来人们发现，用来记录股价的涨跌也非常适合。现在很多地方，只要是价格随时有波动的投资标的，基本上都用K线图来记录。其实K线图很简单，只需记住四个价格就可以看懂。

　　第一个是开盘价。也就是股票每天开始交易时的价格。第二个是收盘价，也就是当天结束交易时股票的价格。第三个是当天的最高价，第四个是最低价。记住这四个价格，就可以看懂K线图。

　　以2020年9月9日的上证指数为例，开盘时是3 281.00点，收盘时是3 254.63点，最高点是3 289.61点，最低点是3 238.56点（见下图）。因为收盘价比开盘价低，也就是当天大盘跌了，因此用绿色的柱子来表示。在柱子的上方是开盘价，柱子的下方是收盘价。而在柱子当中还有一根线，线的最顶端是当天的最高价，底端是当天的最低价。

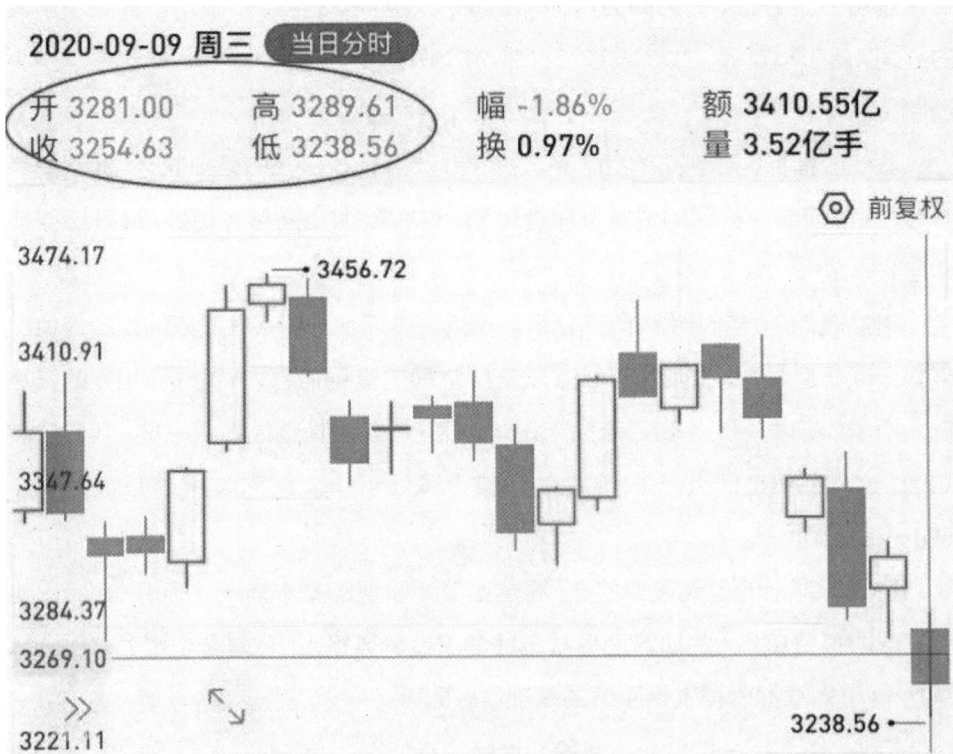

如果当天的收盘价比开盘价高呢? 我们再来看上证指数2020年9月8日的K线图。开盘价是3 301.22点, 收盘价是3 316.42点, 最高点是3 324.39点, 最低点是3 276.44点(见下图)。因为收盘价比开盘价高, 也就是当天大盘指数涨了, 所以用红色的柱子来表示, 在柱子的下方是当天的开盘价, 在柱子的上方是当天的收盘价。柱子中间那根线的顶端, 是当天的最高价, 底端是当天的最低价。

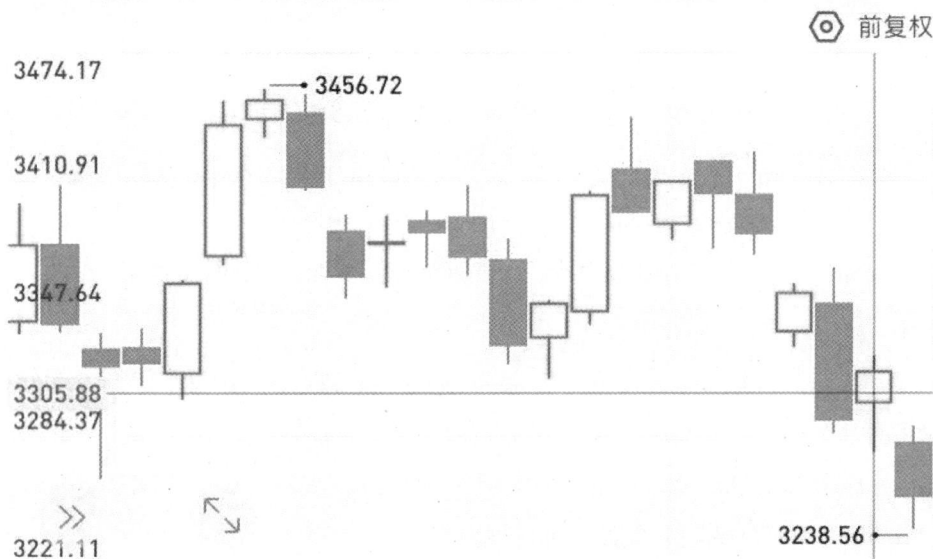

我们发现柱子中间的那根线, 顶端是当天的最高价, 底端是当天的最低价, 这是固定的。不同的是开盘价和收盘价的位置, 如果开盘价比收盘价价高, 那么是绿色的柱子, 开盘价在上, 收盘价在下。反之, 如果开盘价比收盘价低, 那么是红色的柱子, 开盘价在下, 收盘价在上。

每个交易日都有这样的一个价格走势图, 把这些走势图连接起来, 做成一个坐标系。横坐标是时间, 纵坐标是指数点位。就有了整个大盘的指数的走势图, 这里举例的是上证指数, 其实每一只股票, 都有自己的股价走势图(见下图)。

有的人喜欢去分析走势图,希望通过分析股票价格的趋势,判断未来股价的涨跌,我们将其称为技术派。另外还有一类,他们不看技术分析,更多的是分析公司的基本面,也就是分析上市公司的各种基础数据和指标,这类人叫作价值派。当然还有一些人,结合两者的优势,比如70%看基本面,30%看技术面,或者一半一半。

曾经我觉得技术分析都是不可靠的。但是后来才发现,市场上还有一部分人是做技术分析的,而这类人多了,对于市场是有一些影响的。所以,技术分析还是有一定作用的。但是,我个人还是偏向于基本面分析,我不建议大家买基金去做技术分析。这样很容易陷入追涨杀跌的"圈套"中。

六、如何选择股票型基金

了解了股票市场的周期,知道了如何判断周期和所处的位置,也知道了如何查询股票的数据。我们还知道,要在市场估值低估和市场情绪低迷时去投资基金,在市场估值高估和市场情绪高涨时卖掉基金。但是还有一个问题需要大家考虑,那就是应该怎样选择股票基金呢?具体该投资哪一只股票基金呢?

我们做股票基金的选择，首先要对股票基金进行分类。因为不同类型的基金，选择的方式完全不同。前面介绍了基金的分类，基金可按照不同的角度，分成很多类型的基金。而从选择基金的角度来分类，主要把基金分为主动管理型基金和被动管理型基金（指数基金）。主动管理型基金，主要看管理团队和基金经理的投资能力。而指数基金，主要看估值情况及该国经济或者行业未来的发展前景。

那么，如何区别主动管理型基金和指数基金呢？其实方法非常简单，就是看基金的名字。凡是基金的名字中有××指数的，比如，博时沪深300指数A，是一只指数基金。还有名字中含有ETF的，比如华夏沪深300ETF链接A，也是一只指数基金。

而名字中没有指数的，是××混合、××股票的，这类基金都是主动管理型的。比如，易方达中小盘混合、富国天惠成长混合、工银前沿医疗股票等。

区分了主动管理型基金和指数基金，即可按照不同的选择方法来选择适合自己投资的股票基金。

首先看指数基金的选择方法。当然指数也有分类，可分为宽基指数和窄基指数。所谓宽基指数，就是没有分行业，比如沪深300指数、中证500指数等。这些指数是从整个市场上来挑选股票构建组合的。窄基指数，比如，中证证券行业指数、中证银行指数等。这些指数是从细分行业中来选择股票构建组合的。

宽基指数，主要看估值，还有该国经济未来的发展。最好在估值处于历史低估区域时进行投资。窄基指数，一方面要看估值；另一方面还要看这个行业的发展前景和规律。所以，刚刚开始做指数基金投资，建议先从宽基指数开始。当你对一个行业有了足够的了解之后，再去投资窄基指数。

对于指数的介绍、指数的详细分类，以及怎样查看指数、指数的估值情况。我会在指数基金投资章节中进行详细讲解。选择好指数后，再选择跟踪这个指数的指数基金。指数基金选择比较简单，选择费率低、跟踪误差小、规模大的指数基金进行投资即可。指数基金的选择，关键在于选择指数。

主动管理型基金，主要看管理团队和基金经理的投资能力。如何判断主动管理型基金的管理团队和基金经理的投资能力呢？最主要的是看他们所管理基金的历史业绩。虽然历史业绩并不代表未来，但是一个优等生下一次考出好成绩的概率，还是会高一些。所以，选择主动管理型基金是目前最优的选择方式，也就是参考历史业绩和各种指标。

需要注意的是，不是选择出来基金后，马上就可以开始投资。即便是好基金，也不是任何时候买都可以赚钱。还需要结合市场整体的情况来选择适合的投资方法。

本章是股票基金投资的总览，后面还会有更加详细的细分板块投资讲解和介绍，当我们把后面的内容看完之后，再连贯起来进行总结和思考，就能够融会贯通。

第七章

指数基金投资实战

一、如何真正读懂一个指数

我们做指数基金投资，首先要选择一只指数，然后再去选择跟踪这个指数的指数基金。而选择一只指数（如股票指数），我们要知道它是怎么选择股票的，选择的标准是什么，从哪个范围内选择？它的成分股又有哪些，是投资的大盘股还是小盘股。想要弄清楚这些，就要知道指数的所有详细信息。

那么，怎样才能知道一只指数的所有详细信息呢？下面以沪深300指数为例，讲解如何查询指数的各种详细信息。首先要知道沪深300指数是哪家公司编制的。每一只指数，背后都有一家指数公司或者机构，可以把指数公司看作是指数的母亲。编制指数的机构和公司有很多，目前国内主要有中证指数公司、上海证券交易所、深圳证券交易所。

沪深300指数是中证指数公司编制的，可以去中证指数有限公司的官方网站（www.csindex.com.cn）查询对应的信息（见下图）。

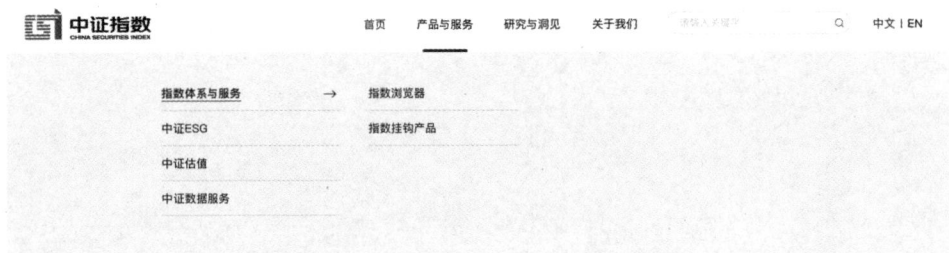

进入中证指数有限公司的官方网站，选择"产品与服务""指数体系与服务""指数浏览器"，然后进入可以搜索指数的页面（见下图）。

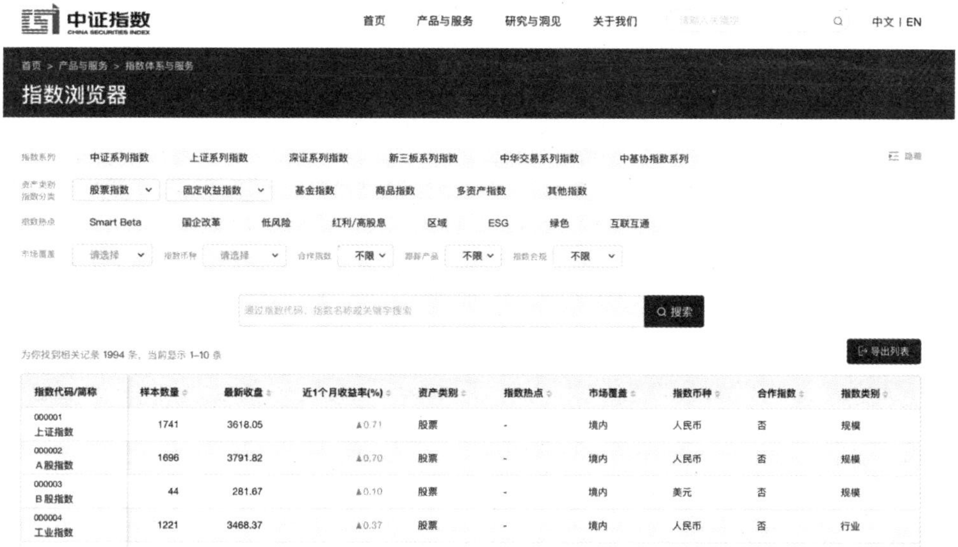

在搜索框中输入关键词"沪深300"，即可看到和沪深300有关的指数。单击沪深300，指数代码000300（指数和基金、股票一样，都有自己的代码。需要注意的是，在投资时，买的是指数基金，要搜索指数基金的代码，而不是指数的代码）。进入沪深300指数的详细介绍页面（见下图）。

由上图可以看到有关沪深300指数的相关介绍和信息。首先看到的是沪深300指数的简介,沪深300指数是由上海和深圳证券市场中市值大、流动性好的300只股票组成,综合反映了中国A股市场上市股票价格的整体表现。

然后在右侧的相关资料板块,可以查看和下载编制方案、指数单张、样本权重、样本列表、指数估值等数据。在指数编制方案中,有关于指数编制的详细介绍,详细地说明了沪深300指数是怎样编制出来的,具体内容可以自行查看,这里不再赘述。

而我个人最喜欢看的是指数单张,该页面可以看到指数全面、详细的信息。比如,指数走势、指数收益率、指数市盈率、市净率、指数的行业权重分布、指数的十大权重股票、指数的调样时间和频率等数据。通过看指数单张,就能够全面了解这个指数的详细信息,下图只展示了一部分,其他内容可自行查阅具体的指数单张。

中证指数有限公司
CHINA SECURITIES INDEX CO., LTD.

2021年11月30日

沪深300 沪深300指数由沪深市场中规模大、流动性好的最具代表性的300只证券组成,于2005年4月8日正式发布,以反映沪深市场上市公司证券的整体表现。

全称		沪深300指数				指数代码	000300
发布日期	2005年4月8日	调样频率	每半年	样本股数	300	路透代码	.CSI300
基日	2004年12月31日	基值	1000	货币	人民币	彭博代码	SHSZ300/SHSN300

指数走势

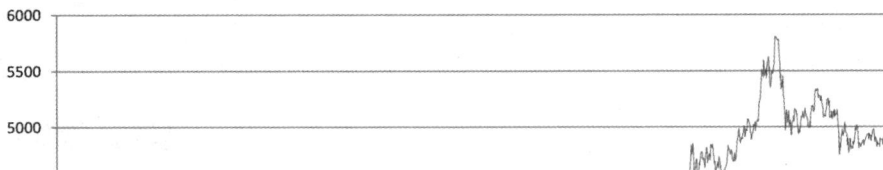

其他更加详细的数据,可以在"相关资料"板块去下载对应的资料和表格查看。查询完这些信息,我们对于一个指数,就已经非常了解了。我们知道它是怎么编制出来的,知道它投资哪些行业,各个行业的比重是多少,还知道十大权重股票，以及现在的估值情况。通过这些数据就能够知道，这个指数到底如何，是不是我们想要的指数。

国内的大多数指数，可通过中证指数有限公司的官方网站，基本上都能够查到相关的数据。一些海外指数，比如，标普500指数，通过中证指数有限公司的官方网站就查询不到相关的信息。因为这个指数不是中证指数有限公司编制的，而是标普道琼斯指数公司编制的。标普500指数的相关信息，应该去哪里查看呢？

首先可通过标普道琼斯指数公司的官方网站去查询对应的数据。除此之外，也可以通过天天基金网手机App的指数宝功能、标普500的百度百科、基金公司发布对应指数基金的募集说明书、对应指数基金的公开信息、网络上的相关文章等渠道来获得指数的信息（在雪球、百度、微信公众号、今日头条等搜索对应的关键词，就可以看到很多相关的文章，其中就有文章会介绍到这些指数的基础信息）。

综上所述，想读懂一只指数，需要知道以下几个信息。首先是哪个机构或公司编制的。其次是指数的编制方案，知道指数是怎么来的。再次是指数的成分权重，知道指数主要投资哪些行业，比例大概是多少。还有十大股票持仓和比例，知道这个指数主要持有的公司信息，知道这个指数主要是投资的大盘股还是小市值股票。最后是目前的市盈率、市净率等指标，知道现在指数大概的一个估值情况。

二、指数的分类

与基金的分类比较类似，指数也有多种分类，按照不同的分类方式，可分为不同的指数。

按照不同的编制机构进行分类，可以把指数分为中证系列指数，比如，中证500指数、沪深300指数等，这些指数是中证指数有限公司编制的；上证系列指数，比如，上证50指数、上证180指数等，这些指数是上海证券交易所编制的；还有深证系列指数，比如，深成指、创业板指等，这些指数是深圳证券交易所编制的；恒生系列指数，比如，恒生指数、恒生科技指数等，这些指数是恒生指数有限公司编制的。还有海外的，比如，标普系列指数，这些指数是标普道琼斯指数公司编制的。

同样也可以按照不同的投资对象，有投资股票的指数，也就是股票指数。投资债券的债券指数，投资大宗商品的大宗商品指数。投资房地产的房地产指数，投资外汇的外汇指数等。

在所有的指数中，股票指数占最大比例。所以，把股票指数再单独拿出来进一步细分。这里以中证指数有限公司的分类方式做介绍（不同的机构，分类方式还会有所不同）。

中证指数有限公司把股票指数分为：综合指数、规模指数、行业指数、主题指数、策略指数、风格指数。

综合指数：主要是为了反映整个股票市场的整体走势，如上证综指、深证综指、创业板综指等。

规模指数：根据股票的市值来选择成分股，反映同等量规模上市公司的整体股票价格走势。比如，沪深300指数，就是反映沪深两市中，市值规模、交易量排名前300家上市公司的整体股价走势。

行业指数：根据上市公司主营业务，对上市公司进行分类。表现一个行业的整体股票走势，如主要消费行业、医药行业等。

主题指数：根据经济的长期发展趋势来选择股票，将受益相关产业和上市公司纳入投资标的，如环保指数、养老指数、一带一路指数等。

策略指数：通过不同的加权方式来编制指数，如基本面加权、固定权重加权、低波动加权。如沪深300低波指数、沪深300等权重指数等。

风格指数：根据股票的风格和特征进行分类和编制指数，通常把股票分为成长和价值两种风格，如中证500成长指数、中证500价值指数等。

三、行业指数的分类

在所有的股票指数分类中，占比最大的，被投资者谈论最多的就是行业指数。首先来介绍行业指数。在开始介绍行业指数之前，要先了解行业的分类情况。

行业的分类，其实有很多种不同的分类方法，不同的标准就有不同的分类结果。比如，证监会对于行业的分类就和中证指数有限公司的分类不同。做指数基金投资，主要看编制指数的机构采用的分类方式即可。中证指数有限公司，把所有的上市公司分为十大行业，分别是：能源、原材料、工业、可选消费、主要消费、卫生医药、金融地产、信息技术、电信业务、公用事业。

这些一级行业还可以进一步细分，分出一些二级行业、三级行业和四级行业。那么具体是怎样划分的呢？我在中证指数有限公司官方网站上找到了2021年2月的分类情况，在这里给大家做一下梳理。

首先是能源行业，可分为能源开采设备与服务、石油与天然气、煤炭等三级行业。石油与天然气钻井、石油与天然气开采设备与服务、综合性石油与天然气企业、石油与天然气的勘探与生产、石油与天然气炼制和营销、石油与天然气储存和运输、煤炭等四级行业。

原材料行业可分为化学原料、化学制品、建筑材料、容器与包装、有色金属、钢铁、非金属采矿及制品、纸类与林业产品等三级行业。化学原料、涂料油漆、塑料制品、橡胶制品、印染化学品、纤维及树脂、化肥与农药、其他化学制品、水泥、玻璃、其他建材、金属与玻璃容器、纸材料包装、铝、铜、黄金及其他贵金属、稀有金属、其他有色金属及合金、钢铁、非金属采矿及制品、林业产品、纸制品等四级行业。

工业行业可分为资本品、商业服务与用品、交通运输等二级行业。航空航天与国防、建筑产品、建筑与工程、电气设备、工业集团企业、机械制造、环保设备与工程服务、商业服务与用品、航空货运与物流、航空公司、航运、道路运输、交通基本设施等三级行业。航天航空与国防、建筑产品、土木工程、建筑装修、园林工程、电气部件与设备、重型电器设备、新能源设备、工业集团企业、通用机械、工程机械、商用货车、农用机械、铁路设备、船舶制造、其他机械设备、环保设备、环保工程、环保服务、商业印刷、市场服务、办公服务与用品、工业品贸易商、其他商业服务、航空货运、物流、航空公司、航运、铁路运输、公路运输、公共交通、机场、高速公路、铁路、港口等四级行业。

可选消费行业可分为汽车与汽车零部件、耐用消费品与服装、消费服务、传媒、零售业等二级行业。汽车零配件与轮胎、汽车与摩托车、家庭耐用消费品、休闲设备与用品、纺织服装、珠宝与奢侈品、酒店餐馆与休闲、综合消费者服务、传媒、日用品经销商、互联网零售、多元化零售、其他零售等三级行业。汽车零配件、轮胎、汽车、摩托车、汽车经销商与汽车服务、消费电子产品、家庭装饰品、家用电器、家用器具与特色消费品、休闲设备与用品、服装服饰、鞋类、纺织品、珠宝与奢侈品、景点、酒店、休闲服务、餐馆、博彩、旅行社、教育服务、特殊消费者服务、营销与广告、广播与有线电视、电影与娱乐、出版、日用品经销商、互联网零售、百货商店、综合货品商店、其他零售等四级行业。

主要消费行业可分为食品与主要零售、食品饮料与烟草、家庭与个人用品等二级行业。食品与主要用品零售、饮料、包装食品与肉类、烟草、农牧渔产品、家常用品、个人用品等三级行业。食品经销商、大卖场与超市、白酒、啤酒、黄酒、葡萄酒及其他、软饮料、包装食品与肉类、烟草、畜牧产品、渔业产品、其他农产品、家常用品、个人用品等四级行业。

医药卫生行业可分为医疗器械与服务和医药生物两个二级行业。医疗器械、医疗用品与服务提供商、生物科技、制药、制药与生物科技服务等三级行业。医疗器械、医疗用品经销商、医疗保健服务、医疗保健机构、医疗保健技术、生物科技、化学药、中药、药品经销商、制药与生物科技服务等四级行业。

金融地产行业可分为银行、其他金融、资本市场、保险、房地产等二级行业。商业银行、抵押信贷机构、其他金融服务、消费信贷、资本市场、保险、房地产开发与园区、房地产管理与服务、房地产投资信托等三级行业。综合性银行、区域性银行、抵押信贷机构、其他综合性金融服务、多领域控股、特殊金融服务、消费信贷、资产管理与托管银行、投资银行与经纪业、综合性资本市场、金融交易与数据、人寿与健康保险、多元化保险、财产与意外伤害保险、再保险、保险经纪商、房地产开发、园区、房地产管理与服务、房地产投资信托等四级行业。

信息技术行业可分为计算机运用、计算机及电子设备、半导体等二级行业。互联网服务、信息技术服务、软件开发、电脑与外围设备、电子设备、半导体等三级行业。互联网信息服务、移动互联网信息服务、系统集成及IT咨询、IT外包服务、软件开发、电脑与外围设备、电子设备及仪表制造商、光电子器件、电脑及电子设备经销商、半导体等四级行业。

电信业务行业可分为电信服务和通信设备两个二级行业。电信运营服务、电信增值服务、通信设备等三级行业。电信运营服务、电信增值服务、通信终端设备、通信传输设备、其他通信设备等四级行业。

公用事业行业可分为电力、燃气、供热或其他公用事业、水务、电网等三级行业。火电、水电、核电、新能源发电、燃气、供热或其他公用事业、水务、电网等四级行业。

大家不用去记每一个细分的行业,能够把十大行业分类记住即可。它们分别是:能源、原材料、工业、主要消费、可选消费、医药卫生、金融地产、信息技术、电信业务、公用事业。了解了行业的分类方式,就知道一个行业指数,它具体投资了哪些类型的企业。然后可以去对照,看看是不是真的看好这些企业。

除此之外,了解了行业分类,对于我们读懂财经新闻也是有帮助的,财经新闻中经常会有××板块大跌,或者大涨。其实说的就是某些行业。当了解这些分类后,别人说到的板块和行业,我们也都能知道具体是指哪些公司。

四、常见行业指数

前面介绍了中证指数有限公司,关于行业的分类情况。大家知道仅是一级行业就有十个,还有很多二级行业、三级行业、四级行业。而且这还只是中证指数公司的分类，除了中证指数公司外，还有其他的指数公司，它们对于行业的划分也是不同的。所以，行业指数有很多，这里选择一些有代表性的行业指数进行介绍。

1. 中证金融地产指数

中证金融地产指数，指数代码为000934。该指数由中证800指数中的金融、地产行业的股票组成。而金融又包含银行、证券、保险公司。所以，该行业指数还可以进行细分，进一步分为中证银行、中证全指证券、沪深300非银金融、中证地产800指数等。

中证金融地产指数以2004年12月31日为基日，1 000点为基点。截至2021年12月31日，有129只成分股，前十大成分股占比48%，指数上涨到5 811点。过去17年的时间，年复合收益率约为10.9%。

2. 中证主要消费指数

中证主要消费指数，指数代码为000932。该指数由中证800指数中的主要消费行业股票组成。而主要消费行业也可以进行细分，如白酒行业，很多人没有想到，白酒行业属于主要消费，而不属于可选消费。其他的同类指数还有上证主要消费指数、全指主要消费指数、中证消费低波动指数、沪深300主要消费指数、中证申万食品饮料指数等。

中证主要消费指数以2004年12月31日为基日，1 000点为基点。截至2021年12月31日，有53只成分股票，其中前十大成分股占比为66.34%，指数上涨到25 216点，过去17年的时间，年复合收益率约为20.9%。

3. 中证可选消费指数

中证可选消费指数，指数代码为000931。该指数由中证800指数中的可选消费行业股票组成。哪些是可选消费呢？如汽车、家电，与之对应的指数有中证汽车指数、中证800汽车与零部件指数、中证家电龙头指数等。

中证可选消费指数以2004年12月31日为基日，1 000点为基点。截至2021年12月31日，有83只成分股，其中前十大成分股占比为56.7%，指数上涨到6 734点。过去17年的时间，年复合收益率约为11.9%。

4. 中证医药卫生指数

中证医药卫生指数，指数代码为000933。该指数由中证800指数中医药卫生行业的股票组成。医药卫生行业的指数很多,如中证医药100指数、中证医药50指数、中证全指医药生物指数、中证医药龙头指数、中证医药及医疗器械创新指数、上证医药卫生行业指数、中证申万医药生物指数等。

中证医药卫生指数以2004年12月31日为基日,1 000点为基点。截至2021年12月31日,有87只成分股,其中前十大成分股占比为50.19%,指数上涨到13 253点。过去17年的时间,年复合收益率约为16.4%。

5. 中证信息技术指数

中证信息技术指数,指数代码为000935。该指数由中证800指数中信息技术行业的股票组成。信息技术行业的常见指数有:中证全指信息技术指数、中证全指半导体产品与设备指数、中证全指电子设备和仪器指数等。

中证信息技术指数以2004年12月31日为基日,1 000点为基点。截至2021年12月31日,有110只成分股,其中前十大成分股占比为38%,指数上涨到5 831点。过去17年的时间,年复合收益率约为11%。

6. 中证原材料指数

中证原材料指数,指数代码为000929。该指数由中证800指数中原材料行业的股票组成。原材料行业还有一些单行业的指数,如中证钢铁指数、中证全指建筑材料指数、中证全指化学原材料指数、中证800有色金属指数等。

中证原材料指数以2004年12月31日为基日,1 000点为基点。截至2021年12月31日,有117只成分股,其中前十大成分股占比为36.96%,指数上涨到3 990点。17年的时间,年复合收益率约为8.4%。

7. 中证能源指数

中证能源指数,指数代码为000928。该指数由中证800指数中能源行业的股票组成。本来能源行业还可以分为石油、天然气、煤炭等二级行业。但是目前就只有中证煤炭指数这个二级行业指数。

中证能源指数以2004年12月31日为基日,1 000点为基点。截至2021年12月31日,有19只成分股,其中前十大股票占比为81.35%,指数上涨到2 125点。17年的时间,年复合收益率约为4.55%。

8. 中证工业指数

中证工业指数，指数代码为000930。该指数由中证800指数中工业行业的股票组成。工业行业的指数还有很多，如中证全指工业指数、中证全指建筑与工程指数、中证全指建筑产品指数、中证500电气设备指数、中证全指运输指数、中证全指航空公司指数、中证500机械制造指数、中证全指机械制造指数、中证全指商业服务与商业用品指数等。

中证工业指数以2004年12月31日为基日，1 000点为基点。截至2021年12月31日，有156只成分股，其中前十大股票占比为32.08%，指数上涨到4 304点。17年的时间，年复合收益率约为9%。

9. 中证电信业务指数

中证电信业务指数，指数代码为000936。该指数由中证800指数中电信业务行业的股票组成。电信业务行业的其他指数还有：中证全指电信业务指数、中证全指数通信设备指数等。

中证电信业务指数以2004年12月31日为基日，1 000点为基点。截至2021年12月31日，有20只成分股，其中前十大股票占比为81.38%，指数上涨到5 004点。17年的时间，年复合收益率约为10%。

10. 中证公用事业指数

中证公用事业指数，指数代码为000937，该指数由中证800指数中公用事业行业的股票组成。公用事业行业的指数还有：中证全指公用事业指数、上证公用事业指数、沪深300公用事业等指数。

中证公用事业指数以2004年12月31日为基日，1 000点为基点。截至2021年12月31日，有26只成分股，其中前十大股票占比为67.84%，指数上涨到2 569点。17年的时间，年复合收益率约为5.6%。

从上述历史数据中可以看出，主要消费行业的历史收益率最高，高达20%以上。除此之外，医药卫生行业也是不错的，也有16.5%的年化收益率。另外就是可选消费、信息技术、金融地产这三个行业的历史收益也有10%以上。

像能源和公用事业这样的板块，长期来看，历史收益率最低。其他的原材料、电信业务、工业等行业，平均收益一般。这些行业在某些阶段，收益率也是不错的。比如，这两年（2019年4月至2021年3月）钢铁、煤炭这些行业指数收益率均在100%以上。

因此，各个行业都有其投资价值。不能说主要消费行业历史收益高，我们就一直投资它。我们还要结合市场、估值、投资者自己的资金情况，进行选择和投资。

五、常见的主题指数

除了行业指数，投资者讨论的比较多的就是主题指数。主题指数和行业指数比较类似。主题指数就是围绕着一个主题进行股票的选择，把和这个主题相关的上市公司汇集起来，构建成一个个的指数，如环保主题、养老主题、红利主题等。

很多人容易把主题指数和行业指数搞混淆，行业指数是按照一定的行业划分进行选股的，而主题指数是和主题相关进行选择。如消费主题指数既包含主要消费行业的股票，也包含可选消费行业的股票，甚至还可以包含其他行业的如医药行业的股票等。而行业指数是可选消费，只有按照行业的划分进行选股。在投资时，如果不知道怎样区分主题指数和行业指数，最简单的方法，就是看指数的股票行业分布，如果只有一个行业的大概率就是行业指数（因为也有的主题指数，就只包含一个行业的指数）。那么，常见的主题指数都有哪些呢？具体如下。

1. 中证红利指数

中证红利指数，指数代码为000922。该指数选择在沪深两市中，现金股息率高、分红稳定、具有一定规模和流动性的100只股票组成。和中证红利指数类似的还有上证红利指数、沪深300红利指数、深证红利指数等。

中证红利指数以2004年12月31日为基日，1 000点为基点。截至2021年12月31日，一共有100只成分股，前十大股票持仓占比为25.91%，指数上涨到5 209点。过去17年的时间，年复合收益率约为10.2%。

2. 中证环保产业指数

中证环保产业指数，指数代码是000827。该指数由沪深市场中选取在资源管理、清洁技术和产品、污染管理领域业务收入占比超过25%的100只上市公司股票组成，以反映环保产业相关上市公司证券的整体表现。同类的指数还有上证环保产业指数、中证环保产业50指数等。

中证环保产业指数以2011年12月30日为基日，1 000点为基点。截至2021年12月30日，一共有100只成分股，前十大股票持仓占比为52.72%，指数上涨到2 764点。过去10年的时间，年复合收益率约为10.8%。

3. 中证军工指数

中证军工指数（399967）从沪深市场中选取十大军工集团控股且主营业务与军工行业相关的上市公司证券，以及其他主营业务为军工行业的代表性上市公司证券作为指数样本，以反映军工行业公司的整体表现。其他的相关指数还有中证国防指数、中证中航军工主题指数、中证空天一体军工指数、中证军工龙头指数、上证军工指数等。

中证军工指数以2004年12月31日为基日，1 000点为基点。截至2021年12月31日，一共有58只成分股，前十大股票持仓占比为43.53%，指数上涨到14 896点。过去17年的时间，年复合收益率约为17.2%。

4. 中证消费龙头指数

中证消费龙头指数，指数代码为931068。该指数是在沪深两市中，主要消费和可选消费行业中，选择规模大、经营质量好的50家上市公司股票，反映沪深两市中消费龙头的公司的表现情况。其他的同类指数还有上证消费80指数、中证智能消费主题指数等。

中证消费龙头指数以2004年12月31日为基日，1 000点为基点。截至2021年12月31日，一共有50只成分股，其中前十大股票持仓比例为78.22%，指数上涨到18 381点。过去17年的时间，年复合收益率约为18.7%。

5. 中证医疗指数

中证医疗指数，指数代码为399989。该指数由沪深市场中业务涉及医疗器械、医疗服务、医疗信息化等医疗主题等医药卫生行业上市公司股票组成，反映医疗主题上市公司的整体表现。其他的相关指数还有中证医疗科技指数、中证互联网医疗主题指数、中证精准医疗主题指数、中证生物科技主题指数、中证医药及医疗器械创新指数、中证医药50指数、中证医药100指数、中证生物医药指数等。

中证医疗指数以2004年12月31日为基准日、1 000点为基点。截至2021年12月31日，一共有50只成分股，其中前十大股票占比为56.27%，指数上涨到13 952点。过去17年的时间，年复合收益率约为16.8%。

6. 中证科技龙头指数

中证科技龙头指数，指数代码为931087。该指数由沪深两市中的电子、计算机、通信、生物科技等科技领域中规模大、市占率高、成长能力强、研发投入占比高的50家上市公司股票组成，反映沪深市场科技领域龙头上市公司的整体表现。其他相关的指数有中证科技50指数、中证科技100指数、中证沪港深科技龙头指数等。

中证科技龙头指数以2012年6月29日为基日、1 000点为基点。截至2021年6月29日，一共有50只成分股，其中前十大股票持仓占比为52.36%，指数上涨到4 978点。过去9年的时间，年复合收益率约为19.5%。

7. 中证农业主题指数

中证农业主题指数，指数代码为000949。该指数由沪深两市中业务涉及农用机械、化肥与农药、畜禽药物、农产品、肉类与乳制品等领域的50只上市公司股票组成，反映沪深两市农业主题上市公司股票的整体表现。相关的指数还有上证农业主题指数、中证细分农业产业主题指数、中证大农业指数、中证畜牧养殖指数等。

中证农业主题指数以2004年12月31日为基日，1 000点为基点，截至2021年12月31日，一共有50只成分股，前十大股票持仓占比为54%，指数上涨到了7 425点。过去17年的时间，年复合收益率约为12.5%。

8. 中证高端制造主题指数

中证高端制造主题指数，指数代码为930820。该指数由沪深两市中航天航空与国防、通信设备、半导体产品、生物科技、西药、电子设备与仪器、汽车、电脑与外围设备等领域的上市公司股票组成。其他的相关指数还有中证智能制造主题指数、中证高端装备制造指数、中证半导体产业指数、中证芯片产业指数、中证5G通信主题指数等。

中证高端制造主题指数以2004年12月31日为基日，1 000点为基点。截至2021年12月31日，一共有499只成分股，其中前十大股票持仓占比为24.36%，指数上涨到8 896点。过去17年的时间，年复合收益率约为13.7%。

9. 中证传媒指数

中证传媒指数，指数代码为399971。该指数由沪深两市中广播与有线电视、出版、营销与广告、电影与娱乐、互联网信息服务、移动互联网信息服务等行业中，总市值较大的50只上市公司股票组成。其他的相关指数还有中证文娱传媒指数、中证科技传媒通信150指数等。

中证传媒指数以2010年12月31日为基日，1 000点为基点。截至2021年12月31日，一共有50只成分股，其中十大股票持仓占比为48.82%，指数上涨到1 333点。过去11年的时间，年复合收益率约为2.7%。

以上是比较常见的主题指数，当然主题指数也是很多的，这里不可能全部整理出来。更多的主题指数，可以去中证指数有限公司的官方网站上进行查询。从这些指数的历史收益数据可以发现，和消费、医疗、科技、互联网相关的主题，历史业绩表现都比较不错。

六、常见的规模指数

规模指数也就是根据股票市值来选择成分股，反映了同等量规模的上市公司股票的价格走势。常见的规模指数如下。

1. 上证50指数

上证50指数（000016）以上证180指数为样本，挑选上海证券市场规模大、流动性好的最具代表性的50只证券作为样本，综合反映上海证券市场最具市场影响力的一批龙头企业的整体表现。

上证50指数以2003年12月31日为基日，1 000点为基点。截至2021年12月31日，一共有50只成分股，其中前十大股票持仓占比为55.79%，指数上涨到3 274点。过去18年的时间，平均年复合收益率约为6.8%。

2. 沪深300指数

沪深300指数（000300）由沪深市场中规模大、流动性好的最具代表性的300只证券组成，以反映沪深市场上市公司证券的整体表现，是目前国内股票市场最具代表性的指数之一。

沪深300指数以2004年12月31日为基准日，1 000点为基点。截至2021年12月31日，一共有300只成分股，其中前十大股票持仓占比为23.08%，指数上涨到4 940点。过去17年的时间，平均年复合收益率约为9.8%。

3. 中证500指数

中证500指数（000905）是沪深两市中，除了沪深300指数外，剩余的公司中市值排名前500的公司组成的一个指数。它代表沪深两市中中小上市公司股票价格的表现。

中证500指数以2004年12月31日为基准日，1 000点为基点。截至2021年12月31日，一共有500只成分股，其中前十大股票持仓占比为8.63%，指数上涨到7 359点。过去17年的时间，平均年复合收益率约为12.5%。

4. 中证800指数

中证800指数（000906）是由沪深300和中证500两个指数的所有成分股组成的一个指数，反映了沪深两市中，市值、成交量排名前800家上市的股票价格表现。另外，中证行业指数，也是从中证800指数中选择的。

中证800指数以2004年12月31日为基准日，1 000点为基点。截至2021年12月31日，一共有800只成分股，其中前十大股票持仓占比为17.37%，指数上涨到5 341点。过去17年的时间，平均年复合收益率约为10.4%。

5. 中证沪港深300指数

中证沪港深300指数（931395）由沪港深三个交易所中流动性较好，市值较大的300只上市公司股票组成，代表沪港深三个交易所上市公司的整体情况。

中证沪港深300指数以2014年11月14日为基日，1 000点为基点。截至2021年11月14日，一共有300只成分股，其中前十大股票持仓占比为26.98%，指数上涨到1 735点。过去7年的时间，平均年复合收益率约为8.2%。

6. 创业板指数

创业板指数（399006）由在创业板上市的企业中，规模大、流动性好的前100家公司组成，反映的是创业板上市公司股票的走势情况。

创业板指数以2010年5月31日为基准日，1 000点为基点。截至2021年5月31日，一共有100只成分股，其中前十大股票持仓占比为46.28%，指数上涨到3 309点。11年的时间，平均年复合收益率约为11.5%。

7. 上证科创50指数

上证科创50指数（000688）由上海证券交易所科创板中市值大、流动性好的50只证券组成，反映了最具市场代表性的一批科创企业的整体表现。

上证科创50指数以2019年12月31日为基日，1 000点为基点。截至2021年12月31日，一共有50只成分股，其中前十大股票持仓占比为45.16%，指数上涨到1 398点。2年的时间，平均年复合收益率约为18.2%。

七、常见的策略指数

通常来说，指数选择股票的方式，是按照市值的大小这个标准来选择股票和做指数的加权。如沪深300指数、中证500指数等，都是按照市值大小来加权的，市值大的公司，占比会比较高。但是策略指数是通过不同的策略进行股票的选择和加权的。

比如，为了指数的持仓更加均衡分散，有的指数采用等权策略，等权策略就是指数成分股的持仓比例都是一样的。再如，采用基本面策略进行股票选择。主要看上市公司的基本面情况，如企业的营业收入、现金流、净资产、分红等指标。选择基本面好的股票来构建指数。除此之外，还有采用低波动率选择股票的，采用高贝塔和低贝塔选择股票的，采用质量成长性选择股票的。常见的策略指数如下。

1. 中证红利低波动100指数

中证红利低波动100指数（930955），由沪深两市中流动性好、连续分红、股息率高且波动率低的100家上市公司股票组成。与中证红利指数相比，多了低波动率这一加权指标。其他采用低波动率这个策略的指数还有很多，如中证红利低波指数、沪深300质量成长低波动指数、中证消费低波动指数、中证500行业中性低波动指数等。

中证红利低波动100指数以2005年12月30日为基日，1 000点为基点。截至2021年12月30日，一共有100只成分股，其中前十大股票持仓占比为22.07%，指数上涨到9 945点。过去16年的时间，年复合收益率约为15.4%。

2. 沪深300等权重指数

沪深300等权指数（000984），它的成分股和沪深300指数相同，只是采用等权重加权的方式，也就是说，每一只股票的持仓占比基本上相同。它和沪深300指数相比，持仓会更加分散。采用等权策略的指数也有不少，如中证500等权重指数、沪深300地产等权重指数、中证煤炭等权重指数等。

沪深300等权重指数以2004年12月31日为基日，1 000点为基点。截至2021年12月31日，一共有300只成分股，其中前十大股票持仓占比为6.26%，指数上涨到4 964点。过去17年的时间，年复合收益率约为9.9%。

3. 深证基本面60指数

深证基本面60指数（399701），由深圳证券交易所上市公司中基本面价值排在前60的上市公司组成。所谓基本面主要看企业的盈业收入、现金流、净资产、分红等指标。采用基本面策略的指数还有中证锐联基本面50指数、深圳基本面120指数、中证锐联沪港深基本面100指数等。

深证基本面60指数以2004年12月31日为基日，1 000点为基点。截至2021年12月31日，一共有60只成分股，其中前十大股票持仓占比为45.97%，指数上涨到9 555点。过去17年的时间，年复合收益率约为14.2%。

八、常见的风格指数

目前中证系列风格指数主要分为四类，分别是成长、相对成长、价值、相对价值。所谓成长，就是根据成长因子对股票进行评分，选择评分靠前的股票。具体的成长因子有主营业务增长率、净利润增长率和内部增长率。价值，是指根据价值因子对股票进行评分，选择评分靠前股票。具体的价值因子有股息收益率、每股净值产和价格比率、每股净现金流和价格比率及每股收益和价格比率。

1. 沪深300成长指数

沪深300成长指数（000918），从沪深300指数样本中，根据成长因子计算风格评分，选取成长得分排在前100名的证券作为成分股。与沪深300成长指数类似的还有中证500成长指数、上证全指成长指数、上证180成长指数、中证800成长指数等。

沪深300成长指数，以2004年12月31日为基日，1 000点为基点，截至2021年12月31日，一共有100只成分股，其中前十大成分股持仓占比为32.9%，指数点位上涨到6 958点，过去17年的时间，年复合收益率约为12.1%。

2. 中证500价值指数

中证500价值指数（H30352），从中证500指数样本中，根据价值因子计算风格评分，选取价值得分排在前150名的证券作为成分股。与中证500价值指数类似的还有沪深300价值指数、上证全指价值指数、中证800价值指数等。

中证500价值指数，以2004年12月31日为基日，1 000点为基点，截至2021年12月31日，一共有150只成分股，其中前十大成分股持仓占比为16.22%，指数点位上涨到9 309点，过去17年的时间，年复合收益率约为14%。

3. 沪深300相对成长指数

沪深300相对成长指数（000920），从沪深300指数样本中，根据成长因子和价值因子计算风格评分，选取成长评分排在前100名的证券，以及价值评分排在100名之后的证券作为沪深300相对成长指数的成分股。与沪深300相对成长指数类似的还有中证500相对成长指数、上证全指相对成长指数、上证180相对成长指数、中证800相对成长指数等。

沪深300相对成长指数，以2004年12月31日为基日，1 000点为基点，截至2021年12月31日，一共有219只成分股，其中前十人成分股持仓占比为30.01%，指数点位上涨到5 120点，过去17年的时间，年复合收益率约为10.1%。

4. 中证500相对价值指数

中证500相对价值指数（H30354），从中证500指数样本中，根据成长和价值因子计算风格评分，选取价值评分排在前150名的证券，以及成长评分处于前150名之外的证券，作为中证500相对价值指数的样本。与中证500相对价值指数类似的还有沪深300相对价值指数、上证全指相对价值指数、中证800相对价值指数等。

中证500相对价值指数，以2004年12月31日为基日，1 000点为基点，截至2021年12月31日，一共有385只成分股，其中前十大成分股持仓占比为8.6%，指数点位上涨到8 066点，过去17年的时间，年复合收益率约为13.1%。

九、常见综合指数

通常做指数基金投资，不会选择综合指数进行投资。因为综合指数是涵盖所有上市公司的一类指数。这样的指数和其他指数比较并没有优势。虽然投资时不会选择这类指数，但是却可以通过这类指数来观察整个股票市场的走势情况。

1. 上证综合指数

上证综合指数（指数代码000001），由在上海证券交易所上市的所有公司股票及红筹企业发行的存托凭证组成，但不包含ST和*ST的股票。平时我们经常在财经新闻中看到的大盘指数多少点，就是指这个指数。它代表整个在上海证券交易所上市股票的价格走势情况。

2. 深圳综合指数

深圳综合指数（指数代码399106），由在深圳证券交易所上市的所有上市公司股票为样本编制。虽然，深圳综合指数也可以代表深圳证券交易所所有股票的价格走势，但是我们平时接触的很少，我们看到更多的是深圳成分指数（指数代码399001），该指数选取深圳证券交易所中市值大、流动性好的500家公司为成分股。上证综合指数和深圳成分指数是约定俗成的，分别代表上海证券交易所和深圳证券交易所股票整体走势的指数。

其他的综合指数，如创业板综合指数（指数代码399102），和深圳综合指数一样，也很少被用到。大家习惯用创业板指（指数代码399006）来代表创业板整体市场情况。所以，在整个市场上，综合指数比较少。除了上证综合指数应用广泛外，其他的综合指数很少被提及。我们做指数基金投资也很少选择综合指数，所以，综合指数作为了解即可。

十、常见的海外指数

前面介绍了中证指数有限公司的指数分类体系，也介绍了常见的各种指数，以及指数的历史表现情况。下面介绍常见的海外指数。

1. 标普500指数

标普500指数，是标普道琼斯指数公司编制的指数，成分股有500只。标普500指数选取的是美国公司，必须是主营业务在美国，也是在美国上市的企业。

标普500指数以大盘股为主，有点类似于国内的沪深300指数。但它不是单纯的像沪深300指数那样，根据规模、流动性选择股票。标普500指数，主要选择各个行业的龙头企业。所以，标普500指数中，不仅有大盘股，也有一些中盘股。因为有的行业的龙头企业，不一定是很大规模的企业。

标普500指数的代码是SPX，从1941年开始发布，基点为10点，截至2021年9月12日，标普500指数涨到4 458点。在这80年的时间，平均年复合收益约为

7.9%。再加上平均每年2%~2.5%的股息收益率，标普500指数真实的平均收益率约为10%。

标普500指数是美国股市非常有代表性的指数，占美股市值的80%。

目前要投资标普500指数，可通过QDII基金来实现。在基金销售平台搜索标普500指数，即可看到对应的指数基金。

2. 纳斯达克100指数

纳斯达克100指数由纳斯达克交易所编制，一共有100只成分股。纳斯达克100指数，主要选择在纳斯达克上市的，规模排在前100的上市公司的股票。在纳斯达克上市的企业，主要是一些高科技、互联网企业，比如亚马逊、苹果、谷歌、微软、英特尔，主要代表美国高科技行业的表现。

纳斯达克100指数的代码是NDX，从1985年的100点开始，截至2021年9月12日，纳斯达克100指数上涨到15 440点。在过去的36年里，年复合收益率约为15%。

纳斯达克指数有点儿类似于国内的创业板指数或者科创板指数，主要是代表美国高科技行业的一只指数。

如果要投资纳斯达克100指数，同样也要用到QDII基金，在基金销售平台搜索关键词，即可找到对应的指数基金。

十一、如何选择指数和指数基金

做指数基金的选择，首先要选择指数。选择好指数后，选择对应的指数基金就很简单了，因为有的指数可能只有一只跟踪的指数基金，甚至不需要选择。所以，选择指数基金的关键就在于选择指数。

那么，应该如何选择指数呢？我们知道股票指数是由一揽子股票组成的，而每一只股票都有一些可以判断估值的指标，最常见的就是市盈率和市净率。

市盈率（PE）等于上市公司股价除以每股的盈利，或者上市公司总市值除以总盈利。这个数字越低越好，市盈率越低，说明投资这家公司回本的时间越短。假设一家公司的市盈率为10，也就是说，单纯靠着公司赚到的盈利，10年就可以回本。

市净率（PB）等于上市公司每股股价除以每股的净资产，或者上市公司的总市值除以净资产。这个数字也是越低越好。市净率越低，说明能够以越接近净资产的价格买到上市公司的股票。

可通过市盈率和市净率指标来判断一只股票的估值是高估的还是低估的。同样也可以用来判断股票指数的估值是高估的还是低估的。因为股票指数是由很多家的上市公司股票组成的。

那么问题就出现了，一只指数，通常都是由很多家上市公司的股票组成。单只股票的市盈率、市净率的指标，可通过股票交易软件查看。而股票指数的市盈率、市净率指标应该怎么查看呢？

指数的市盈率和市净率，不用我们逐个查询成分股，然后自己计算。编制指数的公司，已经计算好了，只需去编制指数的官网上即可查看对应指数的估值数据。如沪深300指数，是中证指数有限公司编制的，可以去中证指数有限公司官方网站查看沪深300指数的估值数据（见下图）。

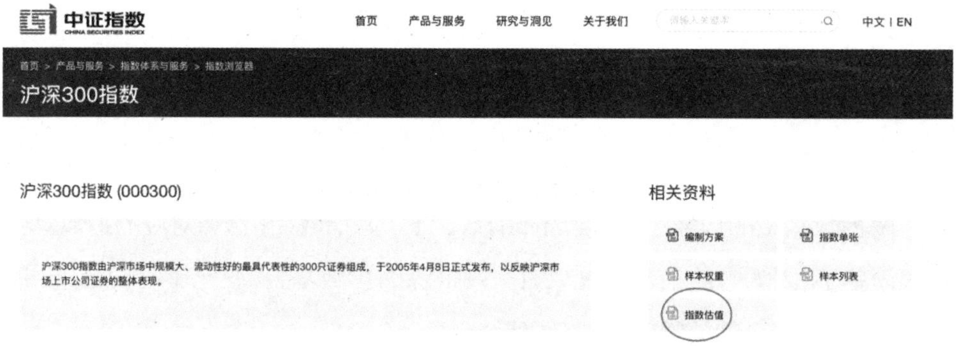

不仅指数公司的官方网站可以查看指数的估值数据，现在很多基金销售平台也可以查询指数的估值数据。比如，天天基金App上有"指数宝"板块、支付宝

App上的"指数红绿灯"板块、蛋卷基金App上"指数估值"板块等都可以查询指数的估值数据。

　　下面以天天基金App上的"指数宝"板块为例进行讲解，如何查询指数的估值数据。

　　第一步：进入天天基金App，在首页找到"指数宝"板块。然后点击进入。如果手机上没有安装该软件，就需要先下载安装"天天基金App"。安装好以后，目前不需要注册，就可以使用指数宝功能（见下图）。

第二步：在指数宝页面顶端的搜索框中搜索想要查询的指数。比如，想要查询沪深300指数的估值数据，即可搜索关键词"沪深300"。然后，进入沪深300指数的页面（见下图）。

第三步：在沪深300指数页面，不仅可以查看指数的估值数据，还可以查看指数的介绍、成分股、行情走势、阶段涨幅、跟踪基金等各种信息（见下页图）。

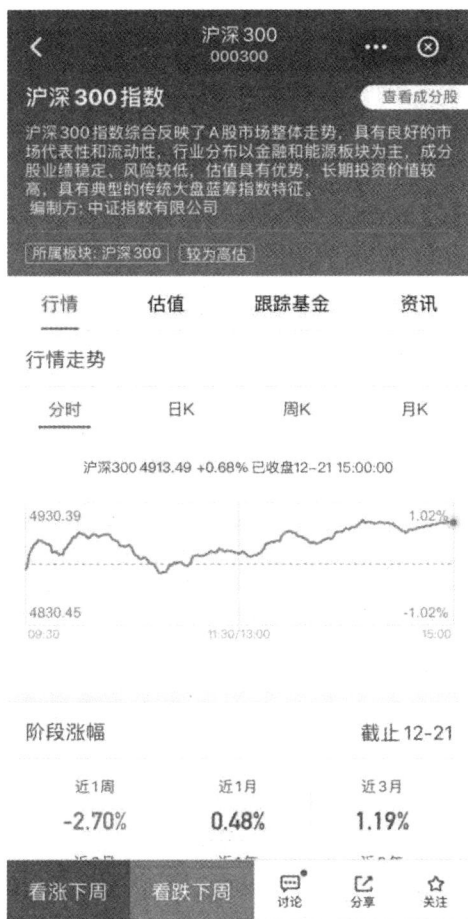

第四步：查看沪深300指数的数据，主要是看市盈率这个指标，目前是13.89（2021年12月20日数据）。然后在市盈率（PE）的下方，有市盈率（PE）的百分位，为72.77%。市盈率的百分位，这里要特别说明一下，这是判断指数高估和低估的重要指标。该指标是天天基金网把现在沪深300指数的市盈率，和历史上的沪深300指数的市盈率进行比较。然后再进行排名，现在13.89的市盈率，排到历史上72.77%的位置。而天天基金网把高于70%的区域定义为高估区域，低于35%的区域定义为低估区域（见下页图）。根据天天基金网的判断标准，很明显现在的沪深300指数是高估的。对于市盈率的百分位指标，越低越好。

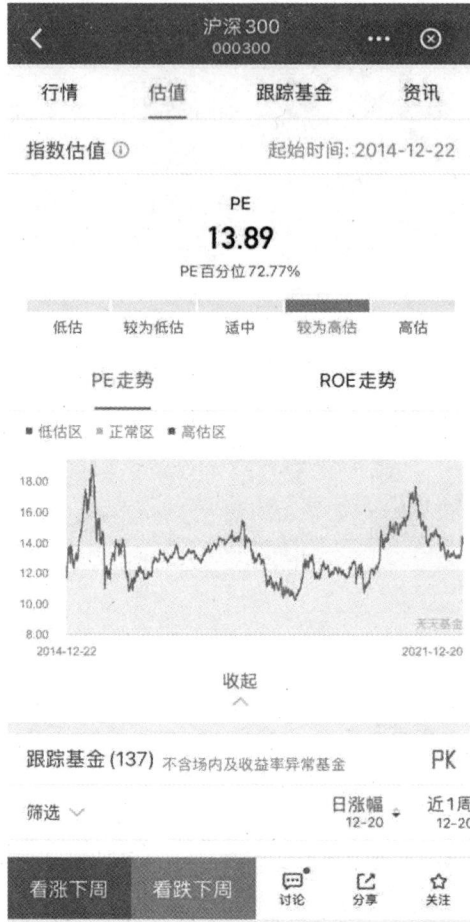

这里需要补充一些知识点。大部分指数都适合用市盈率进行估值，有的指数，却比较适合用市净率进行估值。如证券行业指数、银行指数这一类金融行业的指数。我们再找一个用市净率估值的指数来查询一下。

下面以中证银行指数为例，前面三个查询步骤省略，直接进入第四步。进入中证银行的估值页面，可以看到现在的市净率（PB）为0.55（2021年12月20日的数据），市净率（PB）百分位为1.05%（见下页图）。也就是说，这个市净率只比历史上的1.05%要高。很明显，按照天天基金网低于35%区域就是低估的，那么，现在的中证银行指数是属于低估状态的。

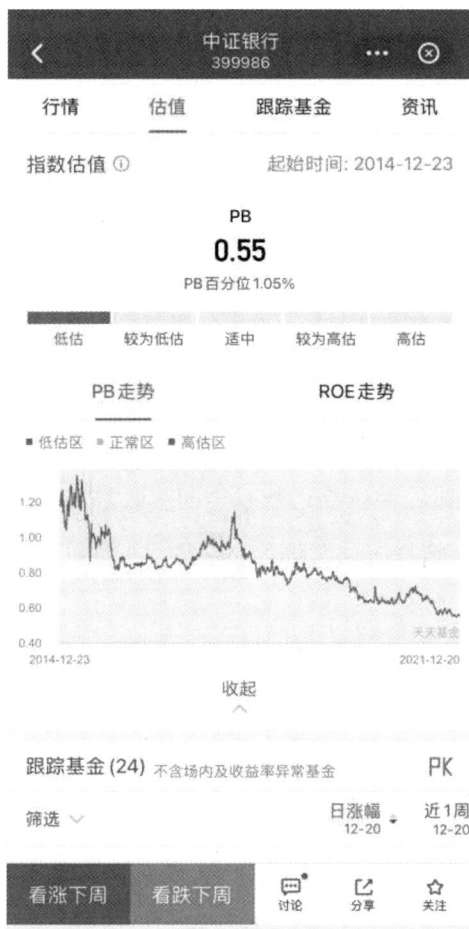

以上是通过天天基金网来查询指数估值的方法，其他平台的操作也类似，这里就不再赘述。只是大家要知道，低估不一定会涨，高估不一定会跌。但是根据价值投资理论，低估时买入，至少比高估时买入更划算。

正常来说，除了大牛市的时候，都会有多只指数是处于低估区域的。我们需要做的是从这些低估的指数中，选择自己看好的指数进行投资。不是所有的低估指数都值得去投资的。比如，我个人比较关注消费、医疗、科技等板块的指数。因为根据历史数据来看，这些板块的收益率比较高。如果这些板块的指数出现低估，我会首选这些指数进行投资。

当然，如果发现整个市场已经没有多少指数是低估时，说明整体市场是处于牛市疯狂阶段，这时可以停止买入股票基金，多配置债券基金。相反，当我们看到大量的指数都是低估的，说明整体市场处于熊市低迷阶段，这时可以加大股票基金的投资。这也是判断市场牛熊的一个小技巧（这里所说的指数是股票指数。债券指数或者其他指数，不适用这个方法）。

选择好指数后，再选择跟踪这个指数的指数基金。假设选择沪深300指数，可以去基金的销售平台上搜索关键词：沪深300。然后会看到所有跟踪沪深300这个指数的指数基金。整体来说，这些基金的走势和表现都是差不多的，只是它们是不同的基金公司发行和管理的。指数基金只需跟踪对应指数的走势即可，和基金经理的关系不大。所以，在选择指数基金时，可以不用去看基金经理，也不用去看基金的历史业绩。在选择主动管理型基金时，才需要重点关注基金经理的历史业绩等指标。

选择指数基金，主要看跟踪误差，跟踪误差越小，说明指数基金复制指数的走势也就越好。所以，尽量选择跟踪误差小的指数基金。除此之外，还要看基金的规模，指数基金和主动管理型基金不同，不会因为规模太大而影响业绩。所以，指数基金的规模是越大越好。因为规模越大，各种基础的成本分摊越低。最后选择指数基金，最重要的是基金的费率。比如，基金的管理费、托管费、申购费、赎回费等，我们要选择费率低的指数基金进行投资。选择好指数后，再选择指数基金，最核心的就是看基金的费率。可以把跟踪同样指数的各只指数基金的各种费用列一个对比表，首先选择费用最低的，其次再看规模和跟踪误差。

十二、指数基金投资实战总结

投资指数基金，首先要选择指数，而选择指数，我们要弄清楚指数是哪家机构编制的，然后懂得去查询一只指数的各种信息，知道指数的编制方案、成分股、十大股票占比等基础信息。

　　其次介绍中证指数公司的股票指数分类情况,把常见的行业指数、主题指数、规模指数、策略指数、风格指数、综合指数都做了介绍、梳理,让大家对于中证指数公司的股票指数分类,有了详细的了解。不仅如此,还介绍了常见的海外指数。

　　最后是怎样选择指数和指数基金。结合前面股票基金实战部分的内容,我们知道股票基金要在"市场低位"时买入,然后在"市场高位"卖出。怎样判断市场低位呢? 对于指数来说,就是看估值,主要通过市盈率和市净率及它们的历史百分位来选择和判断点。

　　而我们要做的就是从处于"市场低位"的指数中,选择看好的指数进行投资。选择好指数后,再选择指数基金。选择指数基金比较简单,选择费率低、规模大、跟踪误差小的指数基金即可。

　　另外, 在投资指数基金时,需要注意的是指数成分股的变化。因为指数是按照一定的选择标准选出来的一揽子股票的合集。当一家公司不满足这个选择标准时,就会剔出这个指数。而在不同的市场情况下,指数的成分股也会发生比较大的变化。

　　我印象最深刻的是2018—2019年的创业板指数,当时创业板指数的十大持仓比例最高的是温氏股份,这是一家养殖行业的上市公司股票。甚至在最高的时候占创业板指数的11%。

　　当时我有定投创业板指数。但市场上很多人都不看好创业板,理由是创业板号称是科技的指数,而最大的持仓居然是一家养殖企业,已经不算是高科技指数。但现在回过头去看,那时正是创业板指数的一个低点。

　　我们再去看创业板指数的十大股票持仓,现在持仓最多的已经是宁德时代。根据2021年9月30日的数据,宁德时代在创业板指数的占比高达16%。而当时占比最高的温氏股份,现在都没有进入前十大持仓中。

　　现在的创业板指数已经变成了以新能源、医药为主的科技含量高的指数。不仅如此, 截至2021年12月,创业板指数已从当时的最低点1 184点涨到3 400多点,涨了一倍还多。

指数的成分股是在不断变化的，几年后买入的指数，可能已经完全变成另一个风格。所以，在做基金投资时，不要因为短期指数表现不好，就放弃指数投资。指数有自我修复功能，会不断地更新迭代。满足条件的上市公司股票会加入指数，同时也在不断地淘汰不满足筛选条件的股票。在选择好指数基金后，一定要坚信自己的选择，不要被一些外在的因素或者负面的报道影响。

第八章

主动管理型基金投资实战

一、如何选择主动管理型基金

前面介绍了指数基金的选择方法,但是,主动管理型基金和指数基金的管理理念完全不同,选择的方法也完全不同。

主动管理型基金主要靠基金公司投研团队和基金经理的投资能力,希望能够获得超越市场的收益。而能否取得超额收益,主要看基金经理和投研团队的能力。那应该怎样判断基金经理和基金公司投研团队的能力呢?

如果是其他的书籍或者文章应该会告诉大家,要去分析基金经理,看基金经理的各种业绩数据指标。但是对于普通投资者来说,很难找到一手资料,另外,大多数人也没有分析专业数据和进行判断的能力。对于大多数普通投资者来说,应该怎样选择主动管理型基金呢?

有一个很讨巧的方法,可以借助专业机构的研究成果。市面上有很多专门做基金评级的机构,目前来看,做得比较好的有晨星网和金牛理财网。可以直接借用这些第三方基金评级机构的研究成果,然后再从中选择自己看好的主动管理型基金。

晨星基金网是国际专业的基金评级机构,成立于1984年,不仅在国内,在全世界主流的市场上都有分支机构。它主要做基金的分析和评级。对于基金的评级和分析,晨星基金网有着丰富的历史经验。

那么,应该怎样使用晨星基金网的研究成果呢?方法很简单,就是看晨星网对于基金的星级评价。晨星基金网的星级评价如下:

给予某类基金评级时,在一段时间内,如3年的评级,晨星基金网会根据各基金截至当月末的过去36个月的回报率,计算出风险调整后收益MRAR(2)。各基金按照MRAR(2)由大到小进行排序:前10%被评为5星;接下来22.5%被评为4星;中间35%被评为3星;随后22.5%被评为2星;最后10%被评为1星。在具体确定每个星级的基金数量时,采用四舍五入的方法。

从晨星基金网的星级评定方法可以看出,越是风险调整后收益好的基金。基金的星级也就越高。最好的10%也就是5星级基金。排名前10%后到前32.5%中间的，也就是4星级基金。所以，可以直接选择长期（至少是3年以上）评级5星或者4星的基金。因为星级排名越高，说明基金的历史业绩越好。

　　具体操作，登录晨星基金官方网站（见下图）。如果没有注册，需要先完成网站注册。注册之后，才能使用网站数据。

　　进入晨星基金网，在首页上选择"基金工具"，然后选择"基金筛选器"，进入基金筛选页面。在该页面可以根据自己的需要选择主动管理型基金（见下图）。

比如，想要选择大盘成长型股票基金，那么就在筛选条件中设置，三年评级和五年评级3星以上，然后在基金分类中选择大盘成长股票。单击"查询"按钮，即可找到最近三年和五年评级在3星以上的大盘成长型股票基金（见下图）。

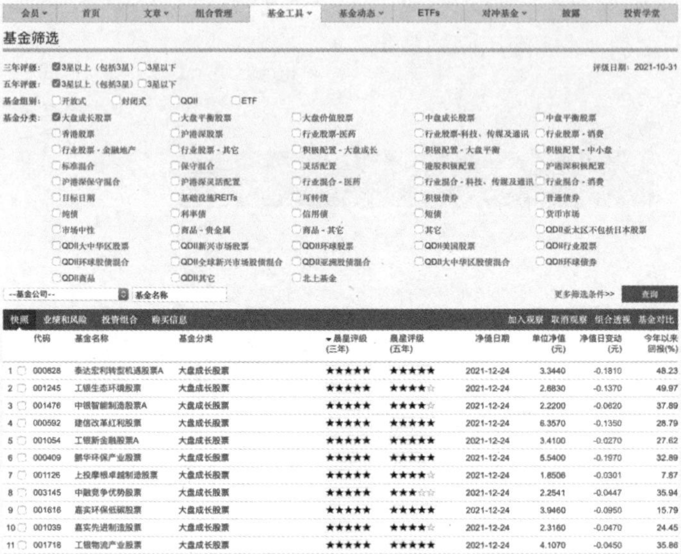

由上图可以看到，晨星基金网对于基金有很多的分类，可以根据自己的需要，选择对应分类的主动管理型基金。

在查询结果页面，会发现有很多只股票型主动管理型基金，它们的星级都是5星的。这时还要做进一步的筛选，首先要剔除指数基金。凡是基金名字当中有××指数的，或者有ETF字样的基金，都先剔除出去。

在这些同类的主动管理型基金中，再进行进一步的筛选和对比。这时，还需要对主动管理型基金进行进一步的细分，一定是同类基金中，相似的基金才有可比性。

二、主动管理型基金选择实战

本节介绍一个选择主动管理型基金的方法，那就是选择"金牛基金"。什么是

"金牛基金"？这里要介绍一个基金界的奖项：金牛奖。

金牛奖是中国证券报联合银河证券、天相投顾、招商证券、海通证券、上海证券等机构，对国内的基金进行评价，选出优秀的基金进行颁奖。每年评选一次，从2010年开始至今，已经获得基金行业和监管层的广泛认可。在一些基金销售平台上，可以看到金牛基金经理的显示（见下图）。

基金经理　　　　　　　　　　　历任基金经理 ＞

张坤 🏆金牛基金经理

从业9年又91天，年均回报20.56%

本基金任期　　　　　　　　　　　　任职回报

2018-09-05至今 3年又113天　　165.07%

❝❞ 易方达副总裁，资深基金经理，价值投资风格显著，长期投资，集中投资，换手率低，管理基金产品历史业绩优异。

至于金牛基金是怎样选择的，我们不用去关心，这些都是它们这些专业的基金评价机构所做的事情。普通投资者很难从专业数据的角度去做主动管理型基金的选择和判断。但是，我们却可以借助"金牛奖"，让这些专业的基金评价机构，帮助我们做判断和选择。普通投资者可以从获得"金牛奖"的基金经理和基金中进行选择，也是一个比较讨巧的方法。

那么问题就出现了，我们到哪里去查看这些金牛基金奖的获奖基金呢？这里再给大家分享另外一个筛选基金的网站：金牛理财网，由中国证券报和新华网联合主办。与天天基金网、晨星基金网一样，可通过该网站，查询基金的信息和做基金的挑选。在该网站的基金筛选页面，可以直接按年份查看对应年份的"金牛基金"（见下页图）。

不仅如此，金牛理财网同样也有星级的评选，除了借助金牛基金获奖名单外，还可以借助金牛理财网的星级来选择基金。和晨星基金网一样，也是星级越高，基金历史业绩越好，五星是最高的。

在金牛理财网，也可以按照不同的基金分类进行基金筛选。

当然，也可以查询金牛理财网，然后结合晨星基金网的数据，再来综合选择一只基金。因为这两个网站对于基金的评判标准是不同的，如果两个网站都对一只基金做出很高的评价。那么，说明这只基金的历史表现，真的是非常不错。

需要注意的是，无论是金牛基金，还是晨星的五星基金，都只是代表基金的历史表现优秀，而历史不代表未来，历史表现优秀的基金，未来不一定100%表现好。只能说表现好的概率会比较大而已。所以，这样的选择方法也不是100%有效的。

即便是这样，大家依然可通过这个方法，选择历史表现优秀的基金。然后建立一个基金观察池，再根据市场情况和自己的资金情况，做进一步的筛选，选择适合的基金进行投资。

三、主动管理型基金投资的风格

在做基金的进一步筛选前，要先了解主动管理型基金的投资风格，因为只有风格类似，投资对象类似的基金才有可比性。

前面介绍过怎样查看基金和股票的基础信息。可通过分析基金的十大股票持仓情况，判断一只基金的投资风格。如果一只基金的十大股票持仓，股票的市值都是上千亿元的，那么很明显这只基金主要投资大盘股票。相反，如果一只基金的十大持仓，基本上都是几十亿元市值的公司股票，那么这只基金的投资风格就是小盘股。

除了大盘小盘之外，通常把基金分为价值型和成长型。价值投资型基金，更看中上市公司的估值情况，基金所投资的股票，要选择那种实际的价值，大于公司估值的。也就是要买低估的公司，这类公司股票的市盈率一般较低。而成长投资型基金，更看重公司的增长速度，这类公司通常市盈率较高。甚至有的公司可能还亏损，但是，只要公司增长速度足够快，依然是能够给我们创造很好的投资收益。如果一只基金主要投资的是这类公司，那么基金就属于成长型。

另外，还有一些基金投资的股票会同时看中价值和成长，或者既配置了一些成长型的公司股票，又配置了一些价值型的公司股票，这类基金就是平衡型。

对于基金的风格判断，目前也没有统一的标准。不同的基金评级机构，有自己不同的评判标准，也可以根据自己的标准来做出判断。目前可以参考的是第三方基金评级网站的基金风格分类，比如晨星基金网和天天基金网，都有基金的投资风格箱。

下图所示为晨星基金网的投资风格箱，最右上角是日期，也就是说，基金的风格是在变化中，有可能这个季度是一种投资风格，下一个季度又是另一种投资风格了。图中显示的是2021年6月30日基金的风格，是根据基金那一天的持仓情况来评定的。

晨星股票投资风格箱   2021-06-30

							风格：成长型		2.62	16.84	42.26	大盘	● >50%

风格：成长型
规模：大盘

2.62	16.84	42.26	大盘
0.91	7.42	0.98	中盘
0.00	0.00	0.00	小盘

价值型 平衡型 成长型

● >50%
● 25%～50%
● 10%～25%
□ 0～10%

价值型 平衡型 成长型

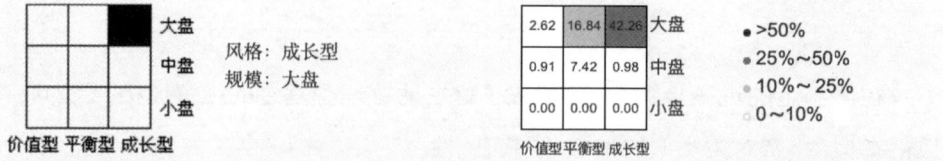

      然后看到上图左端有个九宫格，可以把它当作坐标系来看。横坐标从左到右分别是：价值型、平衡型、成长型。纵坐标从上到下分别是：大盘、中盘、小盘。这样一只基金，就可能有9种风格。分别是价值小盘、平衡小盘、成长小盘、价值中盘、平衡中盘、成长中盘、价值大盘、平衡大盘，成长大盘。在右边还有一个九宫格，展示的分别是各个风格的股票比例，这只基金成长大盘的占比最高，所以这只基金的投资风格是成长大盘型（或者大盘成长型）。

      另外，天天基金网也有基金的投资风格箱。如下图所示，图的右侧，也是一个九宫格。同样也有价值型、平衡型、成长型、大盘、中盘、小盘。排列方式和晨星基金网一样，旁边是投资比例，颜色越深投资比例越高，这只基金在2021年3季度的投资风格主要是价值大盘和平衡大盘。

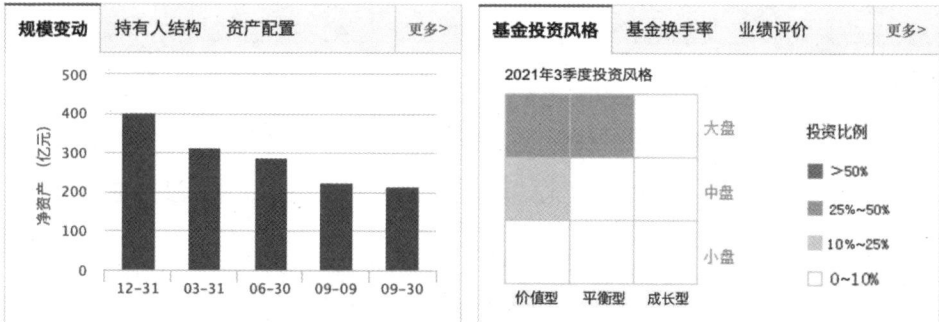

规模变动	持有人结构	资产配置		更多>

基金投资风格	基金换手率	业绩评价	更多>

2021年3季度投资风格

投资比例

■ >50%
■ 25%~50%
■ 10%~25%
□ 0~10%

价值型 平衡型 成长型

      网站给的投资风格仅供参考，仔细观察会发现，有可能同样一只基金，天天基金网和晨星基金网给出的投资风格是不同的。这是因为它们的评判标准不同，我在前面也说了，目前对于什么样的股票属于价值型的，什么样的股票属于成长型的，没有一个统一的标准。同样对于什么样的公司是大盘股，什么样的公司是小盘股，也没有一个统一的标准，所以，结果不同很正常。把各家网站的数据结合起来使用即可。比如一只基金，天天基金网和晨星基金网都是归类为大盘成长，那么这只基金的风格就是大盘成长。也可以按照自己的标准，给基金做风格的评定。

除此之外，分析一只基金投资风格，还要看基金投资的行业集中度，有的基金只是投资一两个行业，比如有的基金，只投资医药和消费行业。但有的基金投资的股票，分散到各个行业中。一般来说，投资行业数少的基金，更可能创造出好的收益，但是波动也会更大，受到单一行业的影响也就越大。而通常投资的行业越多，收益可能会被平均，但是抗风险能力会更强一些。

以上是从投资行业的角度来看基金是不是集中投资的。另外，还可以通过基金投资股票的占比来看基金是不是集中投资。比如一只基金投资的前十大股票持仓，占基金总资产的比例很高，说明这只基金投资比较集中。相反，如果一只基金前十大持仓占比不高，说明这只基金的投资比较分散。具体多少比例是集中的，多少比例是分散的，没有标准答案。但是，可以相对来看，也就是说，可以拿2只同类基金做对比，假设一只基金前十大股票持仓的比重为70%，另一只为30%。那么很明显70%的基金投资风格更加集中。

十大股票持仓的比重可通过第三方基金评级网站，比如天天基金网和晨星基金网进行查看。下图所示为晨星基金网查询的某只基金的十大股票持仓，以及比重数据。

持仓分析			2021-09-30
十大股票持仓（比重74.98%）	五大债券持仓（比重0.03%）		
代码	股票名称	市值(百万)	占净资产(%)
600519 CH	贵州茅台	2141.10	9.88
000858 CH	五粮液	2128.08	9.82
600036 CH	招商银行	2053.32	9.48
700 HK	腾讯控股有限公司	2031.49	9.38
000568 CH	泸州老窖	1655.22	7.64
600887 CH	伊利股份	1583.40	7.31
002415 CH	海康威视	1292.51	5.97
000001 CH	平安银行	1129.59	5.21
388 HK	香港交易及结算所有限公司	1119.17	5.17
9618 HK	京东集团股份有限公司	1108.84	5.12

和行业集中一样，持股集中度越高，越容易出好的业绩，但是波动会更大。而持股集中度比较分散，可能收益会被平均，但是波动更小。两种风格各有各的优势，没有好坏之分。基金的各种风格也是如此，都没有好坏之分。只是市场风格会有变化，而不同投资风格的基金，在相同的时间内，表现可能完全不同。比如，

2019—2020年，成长风格的基金表现就非常好，但是价值投资风格的基金就表现就很不好。不过市场也会有变化，可能过两年，成长风格的基金表现又不好了，但是价值风格的基金表现又好了。

确定了基金的投资风格后，就可以反过来看基金经理的投资风格。我们经常听说，××基金经理是××投资风格的。其实就是看这位基金经理所管理的所有基金，如果基本上都是成长型的基金，那么这位基金经理就是成长型的基金经理。而我们所说的基金的风格偏移，也就是本来我们最开始想选择的是成长型的基金，但是后来基金经理改变了投资风格，变成价值型的，这时就要重新审视这只基金，看看是否符合我们的投资目标。如果不符合，就要及时调整。

需要注意的是，这里所说的基金风格，主要针对主动管理型基金。对于指数基金，不用考虑基金投资风格的问题。

了解了基金的风格，可以帮助我们进一步筛选和配置基金。比如有的基金，虽然是不同的基金公司、不同的基金经理管理的，但是它们的风格是一样的。选择其中的一位基金经理的基金进行投资即可。另外，还可以同时配置多种风格的基金，这样无论市场风格怎么变化，我们都可以让基金获得不错的收益。

四、选择主动管理型基金用到的指标

选择主动管理型基金，主要看长期历史业绩表现。可以借用第三方基金测评平台的数据。比如，晨星基金网和金牛理财网的星级指标。但是真的去选择时就会发现，无论是晨星基金网还是金牛理财网，都有很多只五星基金，我们不可能投资所有的五星基金。

因此，通过历史业绩表现查看第三方基金测评网站的数据。这样的方法，只是适合做初步选择基金，构建基金池。而进一步的选择，还需要结合其他的指标和数据。

假设，现在已通过初步的选择，选择了很多只基金。接下来，要选择有可比性的基金进行下一步的筛选。这就需要对这些主动管理型基金进行细分，在同类基金中找出非常相似的基金，才有可比性。也就是说，同类基金（投资风格相同的基金），还要进一步细分，相似的基金才能拿来进行比较。

应该如何进行细分呢？首先，相同投资风格的基金才有可比性。前面介绍过，基金有9种投资风格，分别是：大盘成长、大盘平衡、大盘价值、中盘成长、中盘平衡、中盘价值、小盘成长、小盘平衡、小盘价值。我们不能用大盘成长和小盘价值投资风格的基金进行对比，这样做没有意义。一定是相同风格的，比如，两只基金都是大盘成长风格的，这样的基金才有可比性。

其次，投资的标的要一致，股票型基金和股票型基金相比较，债券型基金和债券型基金相比较，混合基金和混合基金相比较。

再次，基金的股票债券投资比例要接近，比如混合基金，有的股票占比很高有80%～90%，而有的很低，只有10%～20%。那么这两只基金没有可比性。如果股票占比较高，比如有80%～90%比例的混合基金，那么就要和同样比例的混合基金，甚至是股票基金相比较，这样才有可比性。

最后，相同的投资板块。有的主动管理型基金有主要投资板块。比如，有的基金主要投资医疗板块，有的基金主要投资新能源板块，有的基金主要投资金融板块。那么，这些投资不同的板块基金也没有可比性。一定是投资相同的板块基金才有可比性。同样也不能拿有主要投资板块的主动管理型基金和没有主要投资板块的均衡型主动管理型基金进行对比。

1. 最大回撤率

选择出有可比性的基金后，再进行基金的数据对比。首先要看的数据是最大回撤率。基金的最大回撤率，是指基金在一段时间内，从最高点跌到最低点的幅度。也就是我们买这只基金，在这段时间内，有可能亏损的最大幅度。

这个数据肯定越低越好。一般来说，股票占比越高的基金，回撤的幅度也就越大。具体数据可通过基金的销售软件进行查看，比如，天天基金网手机App上，就有最近一年最大回撤率的数据（见下页图）。

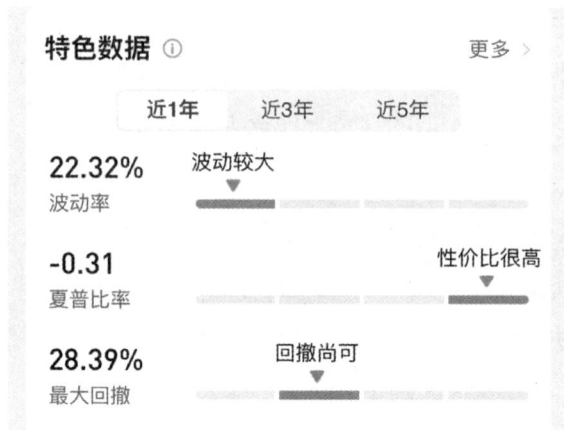

当然，也可以自己去计算。打开基金的历史净值走势图，找到前期的高点，然后在高点的后面找出一个最低点，再用高点的净值减去低点的净值再除以高点的净值，即可计算出这只基金的最大回撤率。

2. 基金的规模

与指数基金不同，对于主动管理型基金而言，规模越大，管理难度也就越高。因此，主动管理型基金的规模，也是我们要考虑的一个指标。那么，多大规模的基金比较适合呢？这也要根据基金的投资风格进行细分，比如主要投资大盘股的基金，它可以承载的资金量较大。这样的基金上百亿元的规模也是可以的。不过，最好不要选择100亿元以上的主动管理型基金。但是，对于主要投资小盘股的基金，资金的承载能力有限，几十亿元的规模，可能就已经比较大了。

对于基金的规模而言，如果两只基金其他方面都差不多。那么，尽量选择规模小的基金进行投资。因为基金的规模小，基金经理管理更加灵活，更容易做出超额收益。但是也要注意，基金的规模不能过小。当基金的规模低于5000万元，就有清盘的可能。所以，最好选择规模在1亿元以上的基金。

当然也有例外，如果是债券基金，那么就要选择规模大的。因为债券基金规模越大，投资相对来说会更加分散，即便是有债券"踩雷"，回撤也小一些。就我自己而言，如果是债券基金，至少选择10亿元以上规模的。

除此之外，还要关注主动管理型基金经理管理的总规模。在2020年，有的明星基金经理，管理的规模已超过1 000亿元。基金经理的精力是有限的，如果他管理的总规模过大，也是一个减分项。

3.基金公司

主动管理型基金，主要靠基金经理和基金公司投研团队做基金的投资管理，希望能够创造出超额收益。而历史业绩表现优秀，说明基金经理的能力是可以的。这时可以再把基金公司这个指标考虑进去，如果两只基金其他的指标都差不多，那么尽量选择基金公司口碑好的、品牌大的、成立时间久的基金公司的基金。

因为一只主动管理型基金，长期能够创造出超额收益，不是基金经理一个人就能完成的，是需要一个强大的投研团队在背后提供支持。选择优秀的基金公司，在管理制度、人员经验方面，都会更有保障，基金持续为我们创造出超额收益的概率也就越高。

4.基金的收益波动率

基金的收益波动率是反映基金收益率变化程度的指标。也就是说，基金的收益率变化越大，基金的收益波动率也就越大。相反，基金的收益率变化越小，基金的收益波动率也越小。

波动率越大我们投资这只基金所承受的风险也就越大。试想一下，大家买了基金之后，基金的收益本来是赚的，但是波动率大的基金，可能几天的时间就把盈利亏光，甚至出现亏损。这对于投资基金来说，难度是增加的，也加大了我们投资的心理压力。所以，对于基金收益波动率这个指标，肯定是越低越好。两只基金进行对比时，在其他指标都差不多的情况下，要选择波动率低的基金进行投资。

5.夏普比率

夏普比率，是指每承受一个单位的风险，预期可以拿到多少的超额收益。也就是说，在承受相同风险的前提下，能够拿到多少的超额收益，肯定是超额收益越高越好。所以，夏普比率这个指标，越高越好。在其他指标都差不多的时候，要选择夏普比率高的基金进行投资。

6.费率

前面我介绍过，基金有申购费、赎回费、管理费、托管费，有的基金还有销售服务费。做基金投资，省到就是赚到，如果其他的指标都差不多，还可以从费率的角度去做对比，选择费率低的基金进行投资。

7. 换手率

基金的换手率越高，基金付出的交易成本也就越多，说明基金经理操作也就越频繁。所以，两只基金进行比较时，我会选择换手率低的基金进行投资。

当我们通过基金的历史业绩，选择出比较中意的基金后，再通过这七个指标，进行进一步筛选，相信就能够帮助大家选择出适合自己的基金。

五、主动管理型基金的选择案例

前面介绍了选择主动管理型基金的方法，先经过晨星基金网和金牛理财网进行选择，看三年期、五年期，星级为4星和5星的基金，还有曾经获得过金牛奖的基金。当初步选择出长期历史业绩表现好的基金后，再进行基金的分类，选择有可比性的基金进行对比，做进一步的选择。

比如，想要投资医药行业的主动管理型基金。我们知道有两位优秀的基金经理，分别是中欧基金的葛兰和工银基金的赵蓓。这两位基金经理都是以投资医药行业而闻名业界的。也经常被投资者放在一起进行比较。下面就以她们的代表基金中欧医疗健康混合A（003095）和工银前沿医疗股票A（001717）为例，进行对比和筛选。

这两只基金，2021年12月在晨星基金网的五年期评级，都是5星。三年期评级，中欧医疗健康混合A是4星，而工银前沿医疗股票A是5星。葛兰获得过金牛基金奖。也就是说，根据目前的历史数据看，这两只基金符合我们选择优秀基金的标准。

接下来看看这两只基金是否有可比性。首先看基金类型，一个是股票基金，另一个是混合基金，从类型上来说，没有可比性。其次看股票持仓，目前工银前沿医疗股票有86%的股票仓位，而中欧医疗健康混合A有90.31%，它们的股票仓位比较接近。虽然基金的类型不同，但是因为股票比例接近，同样有可比性。

不仅如此，它们都是主要投资医药行业的主动管理型基金，基金都是2016年成立的,截至2021年12月,两只位基金经理都管理基金5年多。首先看基金的投资风格,也是大盘成长风格(晨星基金网是大盘成长风格,而天天基金网是大盘平衡风格)。其次看持股集中度,工银前沿医疗股票,前十大股票持仓占比为63.27%,而中欧医疗健康混合,前十大股票持仓占比为65.70%,也非常接近。而且基金经理都是女性,这两只基金真的非常相似,很有可比性。

按照前面所说的七大指标进行对比,首先看最大回撤率。截至2021年12月,工银前沿医疗股票,一年的最大回撤率为23.81%,而中欧医疗健康混合为27.35%。回撤率越低越好,所以,从这个数据来看,工银前沿医疗股票胜出(关于数据的查询方法,前面已经介绍过,这里不再赘述)。

一是基金的规模,截至2021年12月(其实是2021年9月的数据),工银前沿医疗股票为155.16亿元,而中欧医疗健康混合为312.68亿元。基金规模越大,管理难度越高,所以,从这个环节来看,工银前沿医疗股票胜出。

二是基金公司,截至2021年12月,工银瑞信基金管理有限公司,管理资产规模为7 614亿元,有345只基金产品,55位基金经理。而中欧基金管理有限公司,管理资产规模为5 549亿元,有220只基金产品,37位基金经理。从基金公司的规模上来说,工银瑞信基金管理有限公司胜出。

三是基金的波动率,工银前沿医疗股票,最近一年的波动率为33.18%,而中欧医疗健康混合为34.64%。波动率也是越低越好,所以,从这个数据来看,工银前沿医疗股票胜出。

四是基金的夏普比率,工银前沿医疗股票,最近一年的夏普比率为0.5,而中欧医疗健康混合为-0.07。夏普比率是越高越好,所以,从这个数据来看,也是工银前沿医疗股票胜出。

五是基金的费率。两只基金申购费、管理费、托管费相同,唯一不同的是在赎回费用上,如果是持有1~2年这一期间赎回,工银前沿医疗股票,收取的是0.3%,而中欧健康医疗混合,收取的是0.25%。从费率上来说,中欧健康医疗混合胜出。

换手率数据见下表。

报 告 期	工银前沿医疗股票（换手率）	中欧健康医疗混合（换手率）
2021-06-30	139.68%	106.92%
2020-12-31	223.26%	149.31%
2020-06-30	151.81%	111.07%
2019-12-31	171.71%	123.42%

从上表可以看出，最近这几个报告期，工银前沿医疗股票的换手率，普遍均高于中欧健康医疗混合，从换手率这个指标来说，中欧健康医疗混合胜出。

最后发现中欧健康医疗混合，只有在费率和换手率上胜出。而其他的5个指标都是落败的。所以，结合现在的数据综合来看，如果从这两只基金中选择一只进行投资，我会选择工银前沿医疗股票进行投资。

六、主动管理型基金，是否看估值

在做指数基金选择时，一个非常重要的选择方式，就是看指数的估值和估值历史百分位。那么主动管理型基金，是否看估值呢？怎样看主动管理型基金的估值呢？

首先要明白，选择主动管理型基金主要看的不是估值这个数据，而是长期历史业绩表现。不过，在决定是否投资主动管理型基金时，看主动管理型基金的估值还是很有必要的。

那么问题就出现了，主动管理型基金，持仓是随时变化的，不像指数基金是跟着指数变化的。怎样看主动管理型基金的估值呢？

这时也需要对主动管理型基金进行分类。有的主动管理型基金主要投资一个行业，比如，××医疗健康混合、××医疗保健股票，像这样的基金一看名字就知道，主要投资医疗健康行业。当然，为了确保万无一失，最好还是去了解基金的十大持仓。因为主动管理型基金有可能会有风格偏移，有时候会出现基金名字和投资对象不符的情况。正常情况下，这样的基金就是投资医疗行业的。对于这样的基金来说，可看医疗行业指数的估值，如果医疗行业的估值是低估的，那么，这只主动管理型基金投资的行业也是低估的。

也就是说，主动管理型基金不能像指数那样直接查询它的估值数据。但是却可以通过查看主动管理型基金投资板块的指数估值，大概估算主动管理型基金的估值。

有的主动管理型基金，不是只投资一个行业。而是同时投资了几个行业，甚至有的主动管理型基金比较分散，没有主要投资的行业。对于这样的基金，怎样看它的估值呢？

如果只是投资了几个行业的主动管理型基金，如有的基金主要投资消费、医疗两大行业。那么就可以去看基金十大持仓，看看投资消费行业股票和投资医疗行业股票各自的比例。假设比例是各50％。这时就要看消费行业指数的估值和医疗行业指数的估值。通过这两个行业的估值情况，大概估算这个主动管理型基金的估值情况。

对于没有主要投资行业的主动管理型基金，应该如何去看它的估值呢？对于这样的基金，可以看基金的业绩比较基准。主动管理型基金的业绩比较基准，是反映基金风险和收益特征的重要指标，主动管理型基金的基础投资目标就是要跑赢这个比较基准。而基金的业绩比较基准，也是我们确定主动管理型基金投资对象的一个参考指标。比如，有的基金的业绩比较基准为：80％的××沪深300指数20％的××中证国债指数。很明显这只基金主要对标的是沪深300指数。对于这只主动管理型基金，可以看沪深300指数的估值情况，大概估算这只主动管理型基金的估值情况。

在决定要投资主动管理型基金时，尽量选择投资的行业估值较低的。把估值作为选择主动管理型基金的一个辅助指标非常有必要。因为大部分基金经理都规避不了市场的周期和波动。

七、主动管理型基金投资的注意事项

我们做主动管理型基金的选择，更多的是基于历史数据去判断未来。通过历史数据来选择基金, 也是最主流的选择方法, 除此之外, 目前并没有发现其他更好的选择主动管理型基金的方法。

查询基金的历史业绩、最大回撤、波动率等指标, 都是历史数据。但是, 历史不代表未来。历史业绩表现好, 不代表未来业绩表现一定好。因为基金的各种指标, 以及市场的情况随时都在变化中。

基于历史数据选择主动管理型基金的逻辑是, 长期历史表现优秀的基金 (基金经理), 未来能够持续表现优秀的概率, 要比没有取得过好业绩的基金的概率大。就好比一个好学生, 下一次考出好成绩的概率, 要比一个差生的概率高。但是要注意, 只是概率高, 而不是100%的确定。有可能出现好学生考出差成绩, 也有可能差生考出好成绩。因此, 在投资主动管理型基金时, 要有心理预期, 可能会遇到好基金表现不好的情况。

比如, 易方达的张坤是一位明星基金经理。在2021年2月之前。他管理的基金易方达优质精选混合 (以前这只基金叫作易方达中小盘混合, 基金代码为110011) 基金的长期历史业绩是非常优秀的。在2021年以前, 有大量的基民买入这只基金。

从2021年2月之后, 这只基金的净值就一路下跌。截至2021年11月20日, 也就几个月的时间, 基金的净值从10.3955, 跌到了7.3683, 下跌幅度超过29%。也就是说, 那些在高位买入这样优质的主动管理型基金的投资者, 将会面临近30%的亏损。

再如, 交银施罗德基金的杨浩, 也是一位明星基金经理。他管理的交银新生活力灵活配置混合 (519772) 和交银定期支付双息平衡混合 (519732) 两只基金, 截至2021年2月的历史业绩也都是非常优秀的。

截至2021年11月20日, 交银新生活力灵活配置混合基金净值从3.876跌到了2.806, 下跌了27.6%。交银定期支付双息平衡混合基金净值也从6.5下跌到4.896, 下跌超过了24%。也就是说, 在高位时, 买入这样的优质主动管理型基金, 同样会出现20%以上的亏损。

其实这样的情况还有很多, 在这里我就不一一列举了。长期历史业绩优秀的主动管理型基金, 在短期内, 同样会出现较大的回撤。不是说我们选择优秀的主动管理型基金,任何时间买入,都一定是稳赚不赔的。

那么,怎样避免这样的情况呢?其实还是要结合市场情绪和市场估值来看。我在2021年初,就提示过这些明星基金的风险。因为那时大家都疯狂地追涨买入明星基金,然后这些明星基金的规模暴增。与之对应的是,这些基金所投资板块的估值也已经明显高估。在这个时候追涨买入,大概率会亏钱。

所以即便是明星基金经理,明星基金历史业绩再好,也会受到市场周期的影响。在熊市来的时候,基金净值同样也会跟着下跌,这就是投资主动管理型基金需要注意的事项。对于明星基金的投资,还是要结合市场和板块的估值情况,以及市场的情绪做出判断和选择。

八、主动管理型基金的投资总结

做主动管理型基金投资,首先要懂得区分主动管理型基金和指数基金。按照不同的投资理念,基金只能分为指数基金和主动管理型基金,不是指数基金,就是主动管理型基金。区分指数基金和主动管理型基金最简单的方法,就是看基金的名字。凡是基金的名字中有××指数或者ETF的都是指数基金(当然,未来也可能会有主动管理型ETF,不过目前我们遇到的ETF都是指数型的)。除此之外,凡是名字中有××混合、××股票的基金,都是主动管理型的。

主动管理型基金的选择和指数基金不同,主动管理型基金主要看基金管理团队和基金经理的投资能力。虽然普通投资者很难判断基金管理团队和基金经理的投资能力,但是却可以借助第三方基金评级机构的结论,比如晨星基金网和金牛理财网。从它们评选出的五星基金或者金牛基金中选择一些我们看好的基金,构建一个基金投资备选池。

然后再从备选池中找出同类的基金,根据基金的最大回撤率、基金的波动率、夏普比率、费率、换手率等各种指标,进行进一步的筛选。选择回撤率小的、波动率小的、夏普比率大的、费率低的、换手率低的基金进行投资。

同时还要参考主动管理型基金的估值情况，和指数基金一样，也是尽量选择处于"市场低位"，也就是低估的基金进行投资。而在估值比较高的时候，该止盈还是要止盈，不能过度迷信明星基金经理。

另外需要注意的是，主动管理型基金的选择方法都是参考的历史数据，但是历史数据好，不一定后面就会表现好。所以，在投资主动管理型基金时，也要注意分散投资，不能把所有的资金都投资到一只主动管理型基金上。这就需要我们做好基金的组合配置。

第 九 章

基金的组合投资实战

一、如何构建基金投资组合

在前面章节给大家分享过，基金有很多类型。而这些不同类型的基金，有着不同的风险和收益。如果能把这些不同类型的基金按照一定的方法组合起来，就可以实现各种投资目标。那么应怎样构建适合自己的基金投资组合呢？本章就和大家分享一下。

构建基金投资组合的第一步，就是要确定股票和债券的比例。前面介绍过，基金的主要投资对象有股票、债券、房地产、大宗商品。不过，房地产和大宗商品不是我们主要的投资对象，所以，构建基金投资组合，主要还是以股票和债券投资为主。因此，确定它们的比例非常关键。

如何确定股票和债券的投资比例呢？有多种方法：比如有根据年龄来确定的，年轻时，股票占比高一些，年龄越大，股票占比就越低，债券的占比也就越大。因为股票的风险比债券要大一些，年轻时风险承受能力强，可以多配置一些股票基金。而年龄大了，风险承受能力降低，就要多配置债券基金，少配置一些股票基金。

还有投资策略，采用固定的股票债券比例，如各配置50%。过一段时间，如半年或者一年之后，发现股票基金上涨得比较多，就卖出一部分股票基金，买入债券基金，让股票基金和债券基金的比例维持在1:1。反之，如果股票跌得多，那么就卖出债券基金，买入股票基金，让组合维持1:1的比例。

而我采用的浮动比例，根据股市整体估值和市场情绪来确定股票和债券的比例。股票市场的估值越高，市场情绪越火爆，我的股票基金比例就越低，债券基金的比例就越高。反之，股市估值越低，市场情绪越低，我的股票基金比例就越高，债券基金的比例也就越低。也就是说，根据股市"高低"，浮动调整股票和债券的比例。

确定好股票和债券的比例后，再分别进行股票基金和债券基金的配置。我们先看债券基金的配置,债券基金分为纯债基金和二级债基及可转债基金。可转债基金和股票市场有很强的相关性,可以把可转债基金看成混合基金。所以,这里所说的债券基金不包括可转债基金,主要是指纯债基金和二级债基或者一些偏债的混合基金。另外,我个人将货币基金也算在债券基金中。通过构建一个纯债基金、二级债券基金(偏债混合基金)和货币基金的组合,来为我们的投资打基础。

配置好债券基金组合后,就是股票基金的配置。首先可以分为主动管理型基金和指数基金,如果你有自己看好的基金经理,可以选择多配置一些主动管理型基金。如果你不看好主动管理投资方式,可以多配置一些指数基金。另外,还可以按照不同的地区进行配置,比如,可以配置一些国内市场的,也可以配置一些海外市场的。可按照不同的行业进行配置,可以选择自己看好的行业,还可以按照不同的投资风格进行配置,比如,可以配置一些成长投资风格的基金,同时也可以配置一些价值投资风格的基金。

首先了解构建基金投资组合的整体框架和思路。然后再一步步构建适合自己的基金投资组合。

二、如何确定股票债券比例,做好仓位管理

有了构建基金投资组合的整体思路之后,可以开始构建自己的基金投资组合。构建基金投资组合的第一步,就是确定股票和债券的投资比例。确定股票债券的比例有多种方式,可以按照年龄来配置,也可以根据自己的风险偏好,选取固定比例。而我根据股市的估值情况和市场情绪,来确定具体的比例。

股票市场波动非常剧烈,而债券市场比较稳定,所以可以忽略债券市场的波动,主要根据股票市场的情况来调整仓位。在股票市场高估的时候,市场疯狂的时候,降低股票仓位。在股票市场低估的时候,市场情绪冷淡的时候,增加股票仓位。

关键问题还在于确定股票市场的估值和市场情绪。可通过沪深300指数的估值情况判断整个A股市场的情况。如果沪深300指数属于历史高估区域，那么，整个市场的估值也不便宜。这时股票仓位降低。沪深300指数的估值越高，股票仓位也就越低。

除此之外，还要看市场情绪，可以从股市成交量（成交量越大，市场情绪越高）、新增开户数、搜索指数、文章阅读量、理财论坛网友评论等指标来感受。市场情绪越是高涨，股票仓位就越低。如果沪深300指数是高估的，同时市场情绪也非常高涨。这时股票仓位一定要降到很低。回看股票市场的历史就会发现，每一次市场情绪高潮，股市高估的时候，都是市场的高位。这时，把股票仓位降到很低，清仓或者保留1~2成仓位，这样即便是后面市场大跌对我们影响也不会很大。

而具体沪深300指数的（PE）估值历史百分位，处于多少的时候，我们的仓位该是多少。这个问题没有标准答案。具体市场情绪高涨到什么时候，我们的仓位又该是多少，这也是没有标准答案的。因为这还要结合每个人自己的风险偏好和承受能力，做出适合自己的仓位比例。

比如，我一般不会完全清仓股票，或者满仓股票。即便是市场非常高估，市场情绪再高。我也会留一部分的观察仓位，因为如果我完全清仓了，而股市继续上涨，心里会非常难受。同样我也不会满仓股票，即便是市场估值再低、情绪再低，我也会留有一些债券仓位，因为在极端市场情况时，很有可能会一直下跌，这时如果没有资金补仓，也会非常难受。

在我做理财科普教育的这些年，经常有朋友问我。能不能给我一个具体的数字，比如，市场估值到了多少，我们的仓位应该是多少。当然，我也可以给大家一个这样的参考数值和比例，比如，沪深300指数市盈率（PE）历史百分位到达80%时，股票基金仓位降低为两成。但是，这样的参考数据没有多大意义，因为还要结合当时的市场情绪来判断，而市场情绪是没有办法量化的。不同的人，对于市场情绪的感受是不一样的。

因此，这样的参考比例就好比刻舟求剑一样，没有什么意义。市场在不断变化中，我现在给大家的数值和比例，到实际使用时，可能已经不能用了，这样反而会误导大家做投资。

三、如何构建债券基金组合

确定好组合的股票、债券比例后，接下来要做好债券基金的组合配置。相较股票基金而言，债券基金的波动会更小。我是将债券基金看作防守型配置的，要先做好防守，才能更好地进攻。所以，建议先做好债券基金的配置，然后再考虑股票基金的配置。

债券基金主要从二级债基、偏债混合基金、纯债基金和货币基金中选择。而可转债基金由于波动大，与股市相关性高，不算在防守型的债券基金组合中。

债券基金也可分为指数型和主动管理型，根据历史数据，主动管理型债券基金业绩更好，所以选择历史业绩优秀的主动管理型债券基金即可。为了分散风险，我会选择至少4只以上的同类基金，构建一个投资组合。比如，二级债基和偏债混合基金看作一类，我会选择4只以上的这类基金构建一个组合。而纯债基金，我也会选择4只以上构建一个组合。对于货币基金，我就没有刻意地去选择，主要是看哪家的转进转出方便或者投资方便，我就用哪一家的。

对于二级债基（偏债混合基金）、纯债基金和货币基金的比例。我通常是二级债基和偏债混合基金的占比较高，至少要占我债券类投资的50%以上。因为从长期来看，优秀的二级债基和偏债混合基金的收益率比纯债基金更高。虽然它们和股票市场有一些相关性，但是考虑到长期更好的收益率，我觉得也是可以接受的。剩下的资金，我会配置在纯债基金和货币基金中。没有特殊情况，我就各自配置25%的比例。

另外，随着股市的估值升高，同时降低的股票基金仓位，我会首先增加纯债基金和货币基金。这是因为二级债基和股市有一定的相关性，如果后面股市大跌，二级债基也会跟着下跌。但是纯债基金和货币基金就不会受到太大的影响。所以，如果股市大涨，我卖出的资金首先考虑纯债基金和货币基金。

当然，债券基金也会受到债券市场波动的影响，虽然债券市场波动不大，但还是有细微波动的（5%以内的回撤，还是有可能的）。债券基金的表现和市场利率成反比，当市场利率上涨时，债市会下跌，债券基金表现通常不好。相反，如果市场利率下降，那么，债券市场会上涨，这时债市基金表现比较好。对于市场利率，可以参考十年期国债的收益率。

从历史数据来看，选择出优质的主动管理型债券基金，持有1年以上的时间，大概率都能够获得正收益。所以，债券市场的波动也不用太担心。毕竟和股票市场的波动比较起来，这点波动真的是太小了。

对于货币基金的使用，这里要特别说明一下。无论在任何时候，我都会配置一定比例的货币基金。这笔资金是我随时可以补仓使用的。而且有时候会有"股债双杀"（股市和债券市场都下跌，当然这样的情况比较少见）。这时，配置货币基金最安全。所以，当股市处于极度高估和市场情绪极度火热时，我通常会留有比较大比例的货币基金。

以上内容是我的债券基金组合的配置思路，总结如下：以二级债基和偏债混合基金为核心，再辅以纯债基金和货币基金。在需要动用资金时，优先使用货币基金和纯债基金。这样既能获得不错的收益，还能够保证一定的流动性，方便我们随时进行补仓操作。

四、如何构建股票基金组合

做好债券基金的组合配置，接下来开始做股票基金的配置。债券基金组合是投资的基础，让我们能够获得稳定的收益。而我们要追求较高的收益、财富的增值，主要还是要靠股票型基金。

　　首先把股票基金分为主动管理型和被动管理型（指数基金），之所以这样分类，主要是因为这两种基金的选择方式完全不同。如果你更加看重基金公司和基金经理的管理投资能力，那么就选择主动管理型基金或者多配置主动管理型基金。如果你不相信基金公司和基金经理的管理投资能力，那么就选择指数基金或者多配置指数基金。

　　对于主动管理型基金和指数基金谁更优，在投资界一直是很有争议的话题。一些人觉得主动管理型基金好，他们就专注于研究主动管理型基金的投资，还有的人不相信基金经理，只是相信自己，他们就只做指数基金的投资。我个人没有什么偏见，觉得指数基金和主动管理型基金都有各自的优势。所以，我会同时配置指数基金和主动管理型基金。对于具体的比例，通常是一半一半，但是有时候也没有卡得这样死，在某个阶段，可能指数基金的比例会高一些，在某个阶段可能主动管理型基金的比例会高一些。

　　对于指数基金，我们要进一步进行细分，是选择宽基指数（规模指数）还是窄基指数（行业指数），对于基金投资新手，建议首先考虑宽基指数进行配置。宽基指数也可以细分，有的宽基指数偏重于大盘股，有的宽基指数偏重于小盘股。这时最好同时配置一只大盘股指数和一只小盘股指数。这样就可以简单构建一个指数基金的投资组合。

　　如果是窄基指数（行业指数），那需要结合估值及行业的未来发展进行判断。并且要分散到不同的行业中。在做配置时要注意，有的指数比较类似，比如，中证医疗、中证医药等指数都是投医药行业的，长期走势相差不大。从分散投资的角度来说，选择其中的一只来投资即可。同样一个行业的指数，不要投资多只。从历史收益来看，通常大消费行业、大医药行业、大科技行业指数的收益率比较不错。当然，这些行业下面还有很多细分的指数。在具体投资时，还是要结合估值情况，如果是在高估的时候，最好耐心等待机会。当然也不是说其他的行业，就不能获得好的收益，只是要对其他行业有更加深入的研究。

　　主动管理型基金，我会根据不同的投资风格和投资行业来选择。前面分享过主动管理型基金的投资风格,分别是价值小盘、平衡小盘、成长小盘、价值中盘、平衡中盘、成长中盘、价值大盘、平衡大盘,成长大盘。首先我会配置不同风格的主动管理型基金,比如大盘价值和小盘成长构建一个组合,中盘价值和大盘成长构建一个组合。

另外,同样的投资风格也可以细分。如大盘成长,有的基金可能是主要投资消费行业的,如白酒(看基金的十大股票持仓即可),而有的基金可能是主要投资医疗行业。还有的主动管理型基金,没有主要的投资行业是比较均衡的。对于这些基金,即便它们都是大盘成长风格,也可以同时配置。如果是刚开始接触基金,建议首先配置没有主要投资行业的、均衡型的主动管理型基金。通常,这样的基金受到单一行业的影响会比较小。

还有一个股票基金分散配置的方法,就是可以同时配置不同国家和地区的基金。虽然现在全球经济一体化,股市的整体走势会有趋同,但是不同国家和地区的股票基金的表现,还是有一些差异的。在做股票基金配置时,也可以同时配置不同国家和地区的基金。比如可以选择一只美股市场的基金,标普500指数或者纳斯达克100指数基金,然后再选择一只投资A股的沪深300指数基金,构建一个基金组合。

基金的组合配置没有统一的标准。不是说一定要固定多少比例投资什么基金,投资不是做数学题,没有标准答案。可以根据自己的喜好来配置,你喜欢指数基金,就可以多配置指数基金。你喜欢主动管理型基金,就可以多配置主动管理型基金。你特别看好某个行业,也可以多配置这个行业的基金。

需要注意的是,做基金组合配置时,要做到分散,一定要分散到不同的行业中。比如,指数基金有投资医疗行业的,主动管理型基金也有投资医疗行业的,虽然它们是不同类型的基金,但是它们是投资的相同行业,这两只基金的长期走势也比较类似。不要既配置指数型的医疗基金,又配置主动管理型的医疗基金。当然,如果你特别看好医疗行业,特意把投资医疗行业的资金分成两份,一份投资指数基金;另一份投资主动管理型基金,这也是可以的。

五、构建基金组合背后的逻辑

要做好基金的组合投资，我们要知道组合配置的背后逻辑。构建基金的组合主要有以下几个层次：第一个层次是大类资产配置，第二个层次是不同的地区配置，第三个层次是不同行业的配置，第四个层次是不同风格的配置。

先来看第一个层次，大类资产的配置可以参考美林时钟。

美林时钟把经济周期分为四个阶段，分别是复苏阶段、过热阶段、滞胀阶段、衰退阶段。而在不同的阶段，不同的投资标的，表现也不同。

比如在复苏阶段，经济开始好转，公司的盈利开始增加，这个阶段股票的表现，要好于其他投资标的。在过热阶段，企业股票经过前期大涨，上涨开始乏力，但是大家对于原材料的需求会上涨，这时通常大宗商品的表现最好。在滞胀阶段，会发现前面市场过于热情，增长不及预期，于是大家纷纷开始抢跑而出现抛售，导致股票、大宗商品价格都开始下跌，这时持有现金是最好的选择。最后是衰退阶段，股票、大宗商品价格还会继续下跌，但是这时往往会出一些调整政策，比如降低市场利率，通常这个阶段债券的表现是最好的。

美林时钟把周期和投资对象都说得很明白了，我们是不是按照这个方式来投资就可以了呢？如果真是这样，那么投资也太简单了。在实际运用上，我们很难去准确判断，现在是处于哪个经济周期。不要说普通投资者，就是很多的经济学家，天天研究经济周期，还经常出错。所以，我们就更不可能准确判断出经济周期到底是处于哪个阶段了。

即使我们准确地判断出现在的经济周期，而投资市场往往会有"抢跑"或者"滞后"的表现，我们真的按照美林时钟去投资，也不一定能踩中投资机会。

美林时钟就一点用处都没有了吗？其实也不是，这里介绍美林时钟，其实是让大家知道，经济周期和大类资产配置的思路是怎样的。其中还是有一定规律的。在实际的投资中，可通过这个规律来看懂其他分析，从而帮助我们做出投资决策。

接下来看看不同地区的配置，不同的地区股票市场的表现是不同的，比如，美股和A股。我们知道,美股是牛长熊短,过去这些年,美股的主要指数都取得了不错的涨幅。但是在A股,还是在3 000点左右徘徊。

再如,港股和A股。在2018年,A股跌幅很大,但是港股的表现却很好。最近这两年又反过来了,2019—2020年,A股表现很好,但是港股却没有怎么表现,甚至还是下跌的。

因此在做基金配置时,可以同时配置美股、A股和港股市场的基金,可起到一定的对冲风险的作用。或者在某些时间点,多配置某个地区的股票基金,在不同地区的基金中做轮动。比如,当我们觉得美股上涨很多了,整体市场高估了(判断市场估值的方法相同,参考主要的指数估值和市场情绪),就可以多配置A股或者港股。如果觉得A股上涨很多,整体市场高估了,就可以多配置美股和港股。

我们再来看看不同行业的配置。这就要讲到股票市场的行业轮动。做投资久了之后会发现,股票市场的整体走势,可能没有什么变化(大盘指数变化不大)。但是不同的行业涨跌却完全不同。比如,2019—2020年,医药和消费两大行业上涨了很多。但是到2021年,却是大宗商品板块,如煤炭、钢铁上涨了很多,医药和消费却下跌了。

那么,怎样做行业的选择和配置呢?可从以下两个方面考虑:首先是估值,我会看行业指数的估值情况,如果是高估的行业,则直接放弃,我会选择处于历史低估的行业进行投资。其次看政策,这个行业政策是否有调控和监管?尽量选择没有政策监管调控的行业。不过通常低估的行业,都是政策不太支持的行业。这时,可选择政策利空出尽,已经"坏得不行"的行业,因为这样的行业,一旦政策转变,通常会有不错的上涨。然后,我会根据自己的经验和掌握的信息,看行业未来的发展情况是否有政策的支持,是不是未来发展大趋势的行业。最后,我会从低估的行业中,多选择几个行业进行配置。因为只投资一个行业,风险比较集中。相反,多配置几个行业,风险也就降低了很多。

最后,再来看看不同风格的配置。前面介绍了主动管理型基金的9种风格,市场也是在这些风格中来回切换的。比如,在2019—2020年,大盘成长风格表现很好。我们看到很多明星基金,比如,张坤、刘彦春等基金经理,都是大盘成长风格的，在那个阶段都表现很好。但是在2021年，大盘成长风格就不行了，反而是小盘价值风格表现得好一些。比如，曹名长、邱栋荣等基金经理的基金，在这个阶段表现却很好。

对于投资者来说，应该如何配置呢？我会采用逆向投资的方法进行配置，在这些风格基金经理表现不好的时候进行配置，在这些基金经理表现火爆时赎回。比如，我在2020年底和2021年初，就发现大盘成长的风格，已经连续上涨了多年，并且这些基金经理主要投资的行业板块估值也不低了。这时是卖出这个风格基金的时候。当时，价值风格的基金表现很差。当一个风格走到极致时，肯定会转换到另外一种风格。所以，我们要做的就是逆向投资，反向配置。

以上是我做基金组合配置的逻辑，大家也可以参考我的方法，构建属于自己的基金投资组合。

六、构建基金组合的总结

前面介绍了构建基金投资组合的整体思路，还具体介绍了如何确定股票债券比例，如何构建债券基金组合，如何构建股票基金组合。为了帮助大家更好地理解，这里我给大家做一个总结梳理。

想要构建基金投资组合，首先要做好的是股票债券的比例分配。做基金组合，除了股票和债券外，还有其他的资产，比如，房地产和大宗商品。这两种资产，房子通常已经配置很多，大宗商品通常只有在某一个阶段会有表现，不太适合作为长期基础配置。当然，如果确实非常看好这两类资产，想在组合中配置一些也可以。即便要做房地产和大宗商品的配置，也是先以股票和债券为基础。做好股票和债券的配置之后，再去考虑。

这里主要讲解构建股票和债券的投资组合。我是根据股票市场的估值情况，确定具体的股票债券比例。总体来说，就是股票市场越高估，市场情绪越火热，我的股票基金比例也就越低，债券基金比例也就越高。反之，当股票市场低估、情绪低迷时，我会逐步增加股票基金的比例，降低债券基金的比例。具体的配置方法，前面已经讲过，这里就不再赘述。

确定好股票基金和债券基金的比例后，再去构建债券基金的组合。债券基金我会优先配置二级债基或者偏债混合基金，因为这类基金从长期来看，收益率要比纯债基金高。虽然这类基金和股票市场有一些相关性，但是收益高我也可以接受。并且我在这几年投资的实战中，发现了很多优秀的二级债基，虽然有投资股票，但是它们的回撤控制很好。所以，这类债券基金，至少会占我的债券基金比例的一半。剩下的一半是配置纯债基金和货币基金。

债券基金组合配置好后，接下来是配置股票基金组合。股票基金组合可分为指数基金组合和主动管理型基金组合。并且我会注意指数基金组合和主动管理型基金组合，要注意分散到不同的地区、不同的行业和不同的风格中。比如，指数基金组合中，配置了大比例的某个行业的基金，那么主动管理型基金就会避开重仓这个行业的主动管理型基金。

不仅如此，我首先配置没有单独重仓行业的基金。比如，指数基金，我会首先选择宽基指数；主动管理型基金，我会首先选择没有重仓某些细分行业的均衡型基金。然后在此基础上，我有自己特别看好的行业，也会配置行业的主题基金。比如，行业指数基金，或重仓某些细分行业的主动管理型基金。

对于具体比例分配的问题，没有固定的答案。我会根据市场情况随时进行调整，增加或者减少某个基金的配置比例。其实对于构建基金组合，最重要的还是股票和债券的比例。只要这个比例适合当时的市场情况，我们的投资收益率自然是不会差的。相当于在股市高估（上涨）市场情绪火热时，不断地减仓出来，配置到稳健的债券中。然后在股市低估（下跌）市场情绪萎靡时，再从债券中卖出，不断地加仓买到便宜的筹码。只要这个大的操作没有问题，后面的股票基金和债券基金的配置，都没有大问题。

反之，如果我们的股票和债券的仓位没有配置好。在股市高估市场情绪火热时，还大量地买入股票基金，即便是股票组合做得再好，后面一旦股票市场下跌，我们也很难获得好收益。所以，构建基金投资组合的核心，还是做好股票和债券的比例配置。

第十章

基金的买卖操作技巧

一、基金的买入技巧

在网络上，经常会收到一些读者的留言，让我推荐基金。对于这样的留言，我通常是不会回复的。其中很重要的原因就是，即便我给他们推荐了基金，但是他们的操作方法不对，很可能还是会亏钱。到那时，他们还会认为是我推荐的基金有问题。所以，如果只是会选择基金，知道了该买哪一只基金，但是不会基金的买卖操作，同样赚不到钱。

在前面的内容中，介绍了很多基金的选择方法和技巧，本章讲解基金的买入实战技巧。当选择好一只基金后决定要买入，这时有三种选择，分别是一次性单笔买入、定投和大额分批买入。

如何选择基金的买入方式呢？先来看看一次性单笔买入。什么情况下适合一次性单笔买入呢？大家应该都会想到，那肯定是市场（基金）的最低点。买入之后就开始上涨，这时一次性单笔买入收益是最大化的。

但问题就在于，我们很难确定市场的最低点。在实际的基金投资中，很多朋友喜欢去抄底，就是希望自己能够买到最低点。但现实是，很多人都是抄到了半山腰上，买入后，往往还会继续下跌。不要说普通投资者，就是投资大师，他们也很少能买到最低点，经常买入后，投资的对象还下跌20%~30%，甚至更多。

所以，我个人很少使用单笔买入股票基金的方式，因为很难判断市场的最低点。但是，如果你确信自己能够找到市场的最低点，那么单笔买入是没有问题的。因此，对于股票基金而言，除非你能确定最低点，不然不建议单笔买入。

有一些基金却可以单笔买入，如货币基金、纯债基金、稳健型的二级债基、偏债混合基金。这些基金波动很小，回撤也比较小，它们的净值通常是缓慢上涨的。所以，对于这类基金，直接一次性单笔买入是没有问题的。一些激进型的二级债基、可转债基金，这些基金和股票基金一样，波动非常剧烈，通常不建议大家一次性单笔买入。

讲完了一次性单笔买入，我们再来看定投。首先要知道，适合一次性单笔买入的基金都不适合定投。所以, 货币基金、纯债基金、稳健型二级债基、偏债混合基金等, 都不建议定投。

　　适合定投的是波动比较大的基金, 如股票基金、混合基金、可转债基金、激进型二级债基等。那么, 定投有什么好处呢? 定投的最大好处就是平滑波动, 降低市场波动对我们的影响, 并且可以帮助我们以一个市场的平均价格买到基金。

　　可能一些朋友对定投的钝化还不是很了解, 这里给大家解释一下。举个例子, 假设我们做基金定投, 每一次投100元。那么在开始定投10期后, 假设基金没涨没跌, 这时账户中有1 000元持仓, 我们再投100元, 相当于10%的新增。这对于前面10期的账户中的资金的影响是比较大的。而当我们定投到100期, 同样假设基金没涨没跌, 这时账户中有10 000元持仓。而我们再新投100元, 只相当于1%的新增。如果不改变定投金额, 越定投到后面, 我们新投入的资金, 对于账户整体的影响也就越小, 这就是定投的钝化。

　　所以, 如果发现自己定投的基金亏损比较多, 然后想更快地降低持仓亏损的幅度, 这时就需要增加定投定额或者追加单笔投资。而追加单笔投资, 也就是第三种基金的买入方法, 大额分批买入。

　　大额分批买入和定投是一样的原理, 也是分批买入, 降低波动, 平均成本。只是定投是固定时间, 固定买入一定的资金。而大额分批买入是不定时间, 不定额度买入的, 比定投要灵活, 但是对于投资者的要求也更高。同样, 大额分批买入, 也是适合波动比较大的基金。

　　比较经典的大额分批买入, 分为三次。也就是我们把准备拿来投资的资金, 平均分为三份, 最开始的时候, 买入1/3的仓位, 如果后面市场跌了, 如跌了10%, 然后再买入1/3的仓位。如果后面市场再跌10%, 再买入1/3的仓位。当然, 这里举例是10%的跌幅加仓, 也可以15%或者20%加仓。还可以分成4份, 每次买入25%的仓位, 或者分为5份, 每次买入20%的仓位也可以。大额分批买入的具体操作比较灵活。

　　另外, 这是买入后就下跌的情况, 那么反过来买入后就上涨呢? 我通常不会再加仓, 而是把资金拿去选择其他的基金。既然买入后就开始赚钱, 那就等到适合的时候, 直接获利了结。

对于我来说，用得比较多的是定投，再加上大额分批买入的方式。当我发现自己定投的标的出现10%左右的浮亏，我会追加一笔投资，浮亏到20%时，还会再追加一次投资。总之，只要基金的基本面没有发生变化，我都是越跌越开心，越跌越买。

二、选择好了股票基金，应该何时投资

前面介绍了基金的三种买入方法：单笔买入、大额分批买入和定投，以及不同的基金适合的买入方法。那么如何把这些方法和市场的情况相结合呢？

前面介绍过一个股票市场的周期，以及牛市的三个阶段和熊市的三个阶段。如果在牛市第一阶段，那么肯定单笔买入然后持有，收益是最大化的。如果在牛市第二阶段，大家都确定了牛市时，也可以单笔买入，继续持有。牛市第三阶段，肯定是卖出基金。

如果在熊市第一阶段，我们应该做的是持币等待。如果是熊市第二阶段，也是持币等待。如果在熊市第三阶段，也是持币等待。

但是，这只是想象中的操作。而实际投资中，我们没有办法准确地去判断当时处于具体什么阶段。前面我们讲的这些阶段，都是事后做复盘时总结出来的。

也就是说，这是事后的结论。而在实际做投资时，是没有办法做出这样准确判断的。这也是我经常所说的，没有人能够准确地判断出市场的最高点和最低点。

在实际做投资时，不需要把每一个阶段都判断出来。只需判断出三个区域即可，一是低估区域，二是合理区域，三是高估区域。然后再加上市场情绪，我们就能够大概地判断出市场所处的位置。这里需要注意的是，我所说的是大概位置。市场位置不能准确判断，这就是投资的魅力。

虽然不能准确判断出市场的位置，但这并不影响我们做投资赚钱。投资赚钱讲的是概率，只要我们能够做出大概率赚钱的判断。长期下去，大概率也可以赚

钱，这就足够了。因为在投资市场上，没有人能够保证100%赚钱。

那么，怎样判断出市场的大概位置呢？还是前面给大家分享的两个指标：一个是市场的整体估值（如果是A股市场，参考沪深300指数，如果是投资单一的指数，那么看对于指数的估值情况）。另一个是看市场情绪。结合成交量、新增开户数、搜索指数、文章阅读量等数据，我们是可以感受到整体市场情绪的。

当整体市场处于低估区域，且市场情绪（投资者情绪）低迷时，往往是我们投资的好时机。这时可以采用大额分批买入或者定投的方式进行投资。或许有朋友会有疑惑，为什么不直接单笔买入呢？而是采用大额分批买入的方式？这是因为市场处于低估区域，并不是最低点，如果我们能够判断出最低点，那么肯定是单笔买入收益最高。但是我们不能判断出最低点，只能判断出大概的区域，所以，最好采用定投和分批买入的方式。这样可以让我们投资的成本处于一个相对低的平均价格。这也是我不建议大家用单笔买入的方式，进行股票基金投资的原因。

当市场处于高估区域，且市场情绪处于狂热时，是卖出基金，落袋为安的好时机。对于止盈，我建议最好分批进行。因为即便是市场高估了，但是当投资者狂热时，市场还有可能会继续上涨。如果全部止盈，那么看到市场继续上涨，我们心里也会非常难受。有很多人亏钱，就是因为止盈后，看到市场还在上涨，结果又买了回来，但是买回来之后就开始下跌了。所以，我们还是需要保留一定的仓位。如果市场继续涨，我们也是有钱赚的，这样心里就淡定和平衡多了。

当然也有可能，市场处于合理估值区域，市场情绪不高不低的时候，是比较"鸡肋"的。这也是我们做投资比较常见的。这时可以采用定投的方式进行投资。如果想要提高投资收益率，可以挑选一些处于低估区域的指数基金，或者特定板块（自己看好的）的主动管理型基金进行定投。

对于其他的情况，比如，当市场处于低估区域，市场情绪却狂热，这样的情况很难出现。至少我做这些年的投资，没有出现这样的情况。如果出现，可能会是牛市的起点，我们也可以大额分批买入。当市场处于合理估值区域，市场情绪狂热，这时可能会是一个小的高峰。但是只要没有达到高估区域，都可以继续定投。当市场处于高估区域，但是市场情绪低迷，这也是很少可能出现的情况。因为市场会到达高估区域，没有高涨的情绪是不可能达成的。所以，只需记住前面三种情况，做好股票基金的投资已经完全足够了。

三、基金定投的实战技巧

说到买基金，通常是和基金定投相结合。定投确实是普通大众投资股票型基金非常不错的一种方式。那么，具体应该如何做基金定投呢？基金定投有哪些操作技巧呢？本节介绍基金定投实战的技巧。

做基金定投的第一步是选择适合定投的基金。要选择波动大的基金，如货币基金、纯债基金、稳健的二级债基、偏债混合基金，都不适合用作基金定投。做基金定投最好选择波动大的股票型基金，至于是股票指数基金，还是股票主动管理型基金，这个无所谓，都可以。

如果是指数基金，要选择低估的；如果是主动管理型基金，要选择长期历史业绩优秀的。具体的股票指数基金和主动管理型基金的选择方法，前面已经介绍了，这里就不再赘述。当然，选择基金定投也要做组合，最少要选择两只基金进行定投。

选择好定投的基金后，就可以设置定投计划。这里又分为两种情况：第一种情况是我们没有本金，靠着每个月的结余进行投资。这时建议采用月定投的方式，扣款时间选择在发工资的后面几天。这样做可以帮助我们存钱，至于定投的金额，要根据自己的收入情况和结余情况来定。一般建议存下收入的10%，当然这个比例是越高越好，如果存下收入的50%自然更好。前提是不影响我们的正常生活和各种开支。

至于投资平台，大家根据自己的情况进行选择即可，可以是银行、证券公司、第三方基金销售平台，这些平台的安全性都没有问题。只是选择平台时要注意，有没有申购费的折扣？现在有的平台可以做到申购费打1折，对比不打折的平台，申购费便宜90%。我们做投资,省到就是赚到,所以,还是要选择有费率折扣的平台进行基金定投。

第二种情况就是有本金,然后再来做定投计划。这时就需要我们做好定投的资金安排。假设我准备拿10万元来定投一只基金,那么,我会首先预留出2万元,作为补仓资金,应对可能会出现的下跌。然后再把剩余的资金,也就是8万元平均分成156份。因为我是按周定投的,预计投资3年的时间,那么,一共就是156周。这样计算下来,就是每周定投512元。

当然,如果你要按月定投也可以,那么,就把8万元分成36份,每个月定投2 222元。那么剩余的2万元怎么安排呢? 我会分成4份。当我定投的基金,出现了10%的浮亏时,加一笔,然后继续下跌10%再加仓一笔,依此类推。

这样的定投计划非常适合买入基金后,基金就开始下跌的市场情况。但是还有可能我们刚开始定投没有多久,然后基金就涨了起来。遇到这样的情况,我一般是定投收益率超过10%,就会考虑先止盈,再选择其他的投资对象。我不喜欢刚开始定投就开始上涨的基金。因为这样的基金,在底部停留的时间太短,我们定投投资的本金并不多,即便是涨起来,我们也赚不到多少钱。

那可能有的朋友会说,我定投了3年,但还是没有上涨怎么办? 这时就要分情况了,如果你有新增资金,可以继续坚持定投。如果你没有新增资金,那么也可以继续持有,不用管它。只要我们选择的基金没有问题,相信经过3年的下跌,你买的成本也不会太高,后面市场一旦好转,赚钱也是大概率的事情。

需要注意的是,只要基金的基本面没有发生变化。大家不要轻易止损。做基金定投,一定是长期的投资计划,坚持止盈不止损。如果中途放弃,那么就很可能亏钱。或者影响投资的收益率。

在实际操作中,我遇到一些朋友,和我定投同样的一只基金,但是到最后我们的收益却不同。后来和这些朋友交流后才发现,原来他们在市场下跌时被吓住了,然后暂停了定投,后面看到市场行情好转了,才又开始定投。而就是这样的操作,导致他们在市场低位时,没能买到便宜的基金份额,因此定投收益率没有我高。大家记住,定投一定是越跌越买,千万不要暂停定投。

而对于没有投入的资金,也不会闲置,我会投资到稳健的二级债基中。这部分资金也可以给我们创造稳健收益，所以不用担心资金闲置的问题。并且在股市行情不好，市场持续下跌时，说不定这些基金还可以给我们创造正收益，帮助我们平滑账户的波动。

四、大额分批买入实战技巧

当可投资资金比较多的时候，会发现定投来得太慢，这时可以选择大额分批买入的方法。

大额分批买入同样适合波动比较大的基金，比如股票基金。大额分批买入，主要是确定分批买入的次数。而次数是多是少，要结合我们对于市场情况的判断。

做股票基金赚钱的核心逻辑有两个：一是基金投资的企业本身盈利的上涨。二是赚市场情绪、估值的价差。也就是在市场低估其他人不看好，市场比较低迷时买入，然后在市场高估，其他人都追着买基金时再卖出。

而在实际的投资操作中，大额分批买入，主要看的是第二个逻辑，也就是主要关注市场的情况，最好是在市场低估，情绪低迷时买入。如果在市场非常低迷时买入的基金，那么，我们分的份数可以少一些，比如分成3份即可，跌15%加一笔，再跌15%可以再加一笔。

我们买入基金时市场行情不是那么低迷，我们分的份数就可以多一些。比如可以分成5份。每跌10%就追加一份投资。如果买入时，整体市场比较震荡。感觉风险比较大，这时可以分成7份，同样，每次跌10%我们就追加一次投资。总之原则就是，我们觉得市场风险越大，市场估值和情绪越高，那么分批买入的次数就越多。整体市场越低估，情绪低落时，分批就越少，可以相对重仓位的买入。如果是市场情绪很高涨，估值很高的时候，我不建议买入。

除此之外，还可以采用倒金字塔的买入方法。比如可以把资金分成10份。最开始买1份。后面市场跌了10%，买入2份，如果再跌10%则买入3份，如果再跌10%

则买入4份。这样在市场下跌时,可以帮我们更好地降低持仓的成本。

讲到这里,可能有的朋友会说,如果我的可投资金已经加仓完了。但是基金还在继续下跌呢? 这时应该怎么办呢? 真的到这个时候,如果我们还有其他的资金,可以继续补仓。如果没有其他的资金,我们就继续持有,也是可以的。

只是出现这样的情况,我们要去反思自己的选择,是不是在市场估值低,情绪低落时买入? 如果不是,后面再投资时,就要吸取经验教训。因为,如果在股票市场低估,情绪低落时买入基金,再次下跌40%～50%就已经是比较极端的情况。如果出现更大的跌幅,通常是在市场高位跌下来。也就是说,你买到了市场高位。我不建议在市场高位买股票基金。

当然在实际投资时,也有可能会遇到这样的情况,也就是买入后,基金就开始上涨,这时,我会暂停买入,如果短期上涨过快,比如,几个月上涨10%以上,我也会先止盈,然后再去寻找其他的基金投资。

另外,大额分批买入也和定投一样,要和长期投资相结合,也是要做好投资三年以上的心理准备。虽然在实际的操作中,可能用不了三年,也就止盈离场了。但是做好长期投资的心理准备,会让我们更加从容和淡定,看到基金下跌浮亏,也不会慌乱。而如果你抱着短期投资的心理准备,一旦遇到比较长时间的浮亏,就很容易拿不住而卖出基金,造成实际的亏损。

无论是做基金定投,还是大额分批买基金,只要基金的基本面没有发生变化,都不需要止损。但是要做好止盈,止盈没有做好,很容易让我们坐过山车。

五、基金的止盈实战技巧

在投资界有这样一句话: 会买的是徒弟,会卖的才是师父。在很多时候,如果没有及时止盈,会让我们的投资坐过山车,多年的投资时间也就白白浪费了,如果等待下一次止盈机会,有可能又需要几年的时间。所以,止盈是我们做基金投资非常重要的一步。

当然也不是说买入不重要，买入也很重要，买入时足够便宜，也就决定了投资成功的一半。另一半就是看止盈了，它决定了收益的高低。卖得好，可以大大地提高我们的投资收益率，让我们多赚很多钱。本节分享基金的止盈技巧。

先给大家分享市面上常见的止盈方法和策略。比较常见的有：目标收益止盈法、估值止盈法、市场情绪止盈法、最大回撤止盈法。

目标收益止盈法，也就是我们给自己的投资设置一个目标收益。比如20%，当投资的基金平均收益到达20%时，就直接卖出基金落袋为安，不管后面基金是涨还是跌。我们只按照投资的目标收益来做止盈操作，不考虑市场情况。当然，这个目标收益，是大家自己设定的，可以是10%，也可以是15%或者更高。这样做的好处是可以让我们赚到自己想要的收益。

估值止盈法，是指根据基金的历史估值进行止盈，该方法主要应用在指数基金上。买入时，通常是指数低估的时候，也就是历史估值百分位，是处于比较低的位置。而当这个指数的估值数据，已经涨到历史相对高的位置时，即可卖出基金，落袋为安。

市场情绪止盈法，是指当我们发现市场情绪比较火爆，大家都开始一窝蜂买股票基金时应及时止盈。因为根据历史经验来看，这时往往是市场相对的高位。那么在这个时候卖出基金，也是比较不错的一种止盈方法。

最大回撤止盈法，是指当我们的基金开始赚钱后，自己在心里设置一个回撤目标，如5%。那么，当我们持有的盈利基金收益率回撤超过5%，那么就卖出基金，落袋为安。这个方法在牛市中比较适合，可以帮助我们赚到更多的收益。

和大家分享一下我自己的一些止盈技巧。其实我个人运用比较多的是估值止盈法和市场情绪止盈法，也就是把估值止盈法和市场情绪止盈法结合起来使用。当我发现自己的基金投资的板块出现高估时。如果我是有定投的，我肯定会暂停定投和买入（甚至有的基金，处于正常估值的时候，我也会先暂停投入）。至于什么时候卖出，我再结合整体市场情绪，看看市场情绪高不高，如果还没有达到很高的情绪，我会再等等。等到市场情绪比较狂热的时候，我就会止盈了。

同样在止盈时，我也经常使用分批卖出的方法。比如，当基金投资的板块，进入高估值的区域，就先卖出一半。然后等到市场情绪非常高涨，再卖出剩下的一半。当然，也可以把本金部分先卖掉，让赚取的收益部分继续投资。在拿不准的时候，分批止盈，也是一个不错的止盈操作方法。

另外，我有时候止盈是出于资产配置的需要。当我发现自己的股票比例，或者债券比例高了，这时我会选择止盈自己的一部分基金。让自己的股票债券比例，保持在一个让自己舒服的位置上。所以，有时候收益率可能不是很高的基金，或者基金投资的板块，也没有达到高估区域，我还是会止盈。这样做的目的是控制整体股债投资比例的平衡。

还有的时候，当我发现更好的投资机会，我也会提前止盈。卖掉自己不那么看好的基金，去买入自己更加看好的基金。大家要知道，我们的投资买卖操作是为自己服务的。在实际操作的过程中，并不一定要生搬硬套，非要达到止盈策略的条件，然后再去采取止盈操作。大家记住：策略是死的，投资是活的。

同时也不要因为自己止盈后，基金继续上涨而难受，觉得自己没有卖到最高点。事实上，和市场的最低点一样，没有人能够准确地预测市场的最高点。我们没有止盈到最高点是非常正常的事情。反而卖到了最高点，更多的也是因为运气。因此，不要因为自己止盈的基金继续上涨而难过，也不要因为自己止盈的基金马上就下跌而沾沾自喜。我们要学会满足，在投资上能够止盈赚钱，就已经超过大多数投资者。要知道很多人做投资还是亏钱的，我们要懂得知足常乐。

六、基金的买卖频率

我在网络上写文章，做理财投资知识的科普。同时，也看到在网络上，有一些理财投资博主，在发布一些自己的买卖操作分享。我发现这些操作的分享，比我的科普文章更受欢迎。

有很多人喜欢去看这样的操作分享，然后自己也跟着去操作。特别是在市场火爆时，更是如此。甚至一些刚入市的投资新手，也敢于去分享自己的操作技巧，还去给别人提建议，指导别人买卖基金。

我们抛开这样的做法，是否符合监管规定这个话题（事实上，这是不符合监管规定的）。我去看这些人的操作方法，发现他们基本上每天都有买卖操作，也就是做基金的短线。可能买入基金几天，最多也就几个月，就把基金给卖掉了。

这样的操作在市场行情好的时候是有可能赚到钱的。因为市场普涨，随便买都能赚钱。这时，很多基金投资新手的收益，比基金老手的收益还高。因为新手胆子大，敢于追涨，敢于重仓。但是一旦市场行情变化，亏钱最多的，也是这些人。

为什么很多人买基金会亏钱？其中非常重要的原因就是频繁交易和短线交易。股市长期来看是会缓慢上涨的，因为经济会逐步发展，企业的盈利也会逐步增加。同样，投资股票市场的基金，长期来看也是会缓慢上涨的。也就是说，长期投资基金，是大概率能够赚钱的事情。

但是，如果采用高频短期的投资方式是很难赚到钱的。那种每天都进行买卖操作的财经博主，我是很少看到持续很久时间的，往往行情不好，这样的博主也就消失不见了。

因此，如果想要在基金投资上长期赚钱，就不要选择这样短线高频的操作方法。而是应该降低买入频率，增加持仓时间。我个人做基金投资，如果是定投，选择周定投。每周买入一次，这样我既能关注市场动态，也能保持一定的投资节奏。如果是工作比较忙碌的朋友，其实选择月定投都是可以的，不用每一天都盯着基金看。

如果是大额单笔买入，我可能一个月，甚至几个月才会买入一次。当然也要看市场行情，如果是快速下跌时，我买入的频率也会高一些。但是绝对不是每天都买，天天都去盯着股市涨跌。我建议，如果你不是专业做投资，那么，完全可以适当地远离市场，每周看一次基金即可。

当然我自己每天都会看看市场的情况，因为我是专业做投资的。需要每天关注市场动态，寻找投资机会。但是大家不是专业投资人，不用每天盯着市场看，因为市场每天都有波动，大家天天看着市场涨跌，很容易被市场情绪影响。

大家天天盯着市场看，会不自觉地增加投资买卖的频率。越是操作频繁，越是持仓时间短，也就更难赚到钱。所以，大家适当地远离股票市场，其实对我们做基金投资赚钱还是有帮助的。对投资感兴趣的朋友，可以适当关注股市动态。但是没必要花太多的时间。专业的事情交给专业的人做，我们既然选择投资基金，那么就让基金经理帮我们去做这些盯盘的事情。我们可以把更多的时间，放在自己的事业上，多多地积累本金。

七、基金的哪些情况变化，我们要考虑换掉基金

我们长期投资基金一般不建议大家随意换掉基金，因为很多时候，往往会卖到黎明前的黑夜。但是在某些情况下，当基金的基本面出现问题时，还是要及时换掉基金，避免出现更大的亏损。那么，哪些情况是基金的基本面发生了变化，我们要考虑换掉基金呢？

1. 主动管理型基金更换基金经理

对于主动管理型基金而言，基金经理就是它的灵魂。不同的基金经理，有着不同的投资理念，不同的投资领域，不同的投资风格。而一只主动管理型基金，更换了基金经理，也就代表这只基金的投资风格，投资领域都会发生变化。我们最开始买入这只基金时，参考的数据和选择它的逻辑，也都失去了意义。因此，当一只主动管理型基金更换了基金经理，那么就可以考虑，是不是要换掉这只基金。

但是要注意，是考虑换掉，不是说主动管理型基金更换了基金经理，我们就一定要换掉。另外，有的基金是增设基金经理或者减少基金经理，这不算是更换基金经理。这里所说的就是只有一位基金经理，还直接换成其他人的情况。

2. 基金规模巨额变化

通常，基金的规模太大或太小都不是很好。基金规模太大，基金的管理难度也会加大，甚至会影响基金的标的选择，从而改变基金的投资风格。当然这主要是对于主动管理型基金而言，指数基金规模越大越好。如果基金的规模太小，则会有清盘的风险，一般基金的规模小于5 000万元，就可能会被清盘。

基金规模的巨额变动，是要引起我们高度重视的。曾经投资一只债券基金，在我选择投资它的时候有19亿元的规模，但是半年之后，基金的规模一下子变成1亿多元了。对于债券基金来说，1亿多元的规模，已经是比较小了。而且，我看到那段时间基金的业绩也是一直亏损（同时间段，其他的同类基金却是赚钱的），所以，当时我就止损离场了。同样，基金的规模巨额变化，也不是一定要换掉基金，但是需要我们引起重视。

3. 基金投资的行业可能会终结

正常来说，一个行业是不会一下子就消失的。即便是消失，也会有一个过程。如果有政策的调控，真的可以直接终结一个行业。所以，当我们持有的基金，如果投资的行业，受到政策的明确调控导致行业消失，那么，我们也要及时换掉这只基金。

4. 主动管理型基金业绩长期垫底

对于指数基金而言，有可能长期表现不行。但是只要是低估的，且行业不消失，总还是会有上涨的时候。比如，钢铁、煤炭这些板块，在前几年是夕阳产业，大家都不看好。但是在2020—2021年，这些板块却上涨得很好。所以，指数基金，只要行业不消失，足够低估，我们都可以投资。

对于主动管理型基金则不同，如果长期业绩不好，说明基金经理的管理能力有问题。对于这样的基金，我们一定能要及时换掉。对于多久的时间是长期，我个人觉得1~2年。因为有的基金经理可能会因为投资风格的问题，在某段时间内比较低迷。但是优秀的基金经理能够快速学习适应市场，所以，给他们1~2年的低迷时间是可以的。如果还是持续低迷，比如，连续3年表现垫底，那就要及时换掉。

5. 主动管理型基金投资风格的偏移

对于有的主动管理型基金，基金经理没变，规模也没有怎么变化。但是投资风格变化了，比如，我们选择投资它的时候，是投资的大盘蓝筹股，突然某一个季度，基金的持仓全部变成小盘成长股。这样基金的风格就会发生变化，和我们最初选择它的时候是完全不一样的。如果现在不能接受这样的风格转变，那么这样的基金就可以换掉。

当我们发现自己买的基金，出现以上5种情况之一，我们就要考虑要不要换掉基金。但都不是绝对的，出现这些情况就一定要卖出，还是要结合基金的具体情况具体分析。

后　记

2020年11月，我出版了自己的第一本书《24天理财精品课：决定你一生的财富》。该书是专门为零基础的理财小白而写的，比较基础和入门。有很多读者阅读完之后感觉不过瘾，来我的公众号后台给我留言，问我有没有更加有深度的理财投资知识分享。

既然大家有继续学习的要求和想法，那我就新写一本书吧。于是，我就开始默默写作，为新书做准备。在这个过程中，我把自己过去这些年做的投资，做了一个完整的梳理和复盘。对于自己不够确定的知识点和数据，也都查阅资料进行补充。写完这本书，对于我自己来说，也是一次蜕变。

和大家一样，我也不是金融专业科班出身的，但是我却能通过不断学习、总结、实践，在投资基金上赚到钱。既然我可以，大家也一定可以，也希望自己的这一套基金投资方法，能够帮助到大家。

另外，给大家一些学习基金投资的建议。基金投资只是懂得理论知识是不够的，一定要实打实地到市场中进行投资，在实战中，理解理论知识是最快的学习方法。因此，希望大家在阅读本书的同时，不只是阅读，而是根据书中所讲的内容，打开投资软件，登录我所讲到的软件或者网站实际操作，相信你会有更多的收获。

不仅如此，大家还要学会总结和分享。知识要定期总结才能真正吸收，投资也需要定期总结才能有所进步。我遇到很多读者朋友，他们年龄比我大，做投资的时间比我长，但是在投资上还是亏损不断。之所以会这样，就是因为他们没有定期地做总结。

分享是验证我们是否吸收和掌握知识的好方法。凡是我们能够分享出来的知识和内容，说明我们是真正掌握和吸收了。如果我们自己都不明白，是不可能把知识分享出去的。因此，我建议大家在阅读本书的同时，多多地去分享书中的知识。这样不仅可以帮助自己进步和成长，还可以帮到更多做基金投资的朋友。

截至2022年，我已经做了7年的理财知识科普。未来，也会继续通过各大自媒体平台去做理财知识科普这件事。在阅读本书的过程中，遇到任何问题，可以来我的微博、微信公众号等自媒体平台（搜我的名字就可以找到）给我留言，我会很乐意为大家排忧解难，当然，是投资方面的。另外，投资是有风险的，需谨慎。